Ewald Kohler
Jürgen Schuster

Tafelbilder

für den Geschichtsunterricht

Teil 1: Von den Anfängen bis zum Westfälischen Frieden

Auer

17. Auflage 2023

Autor*innen: Ewald Kohler, Jürgen Schuster
Illustrationen: Gabriele dal Lago, Otterfing
Satz: Fotosatz H. Buck, Kumhausen
Druck und Bindung: Franz X. Stückle Druck und Verlag e.K.
ISBN 978-3-403-**01622**-9

www.auer-verlag.de

Inhaltsverzeichnis

Geschichtsunterricht mit Tafelbildern

Diese Sammlung von Tafelbildern versteht sich als Hilfe für den Geschichtslehrer bei der Gestaltung seiner Tafelbilder und als Hilfe für die Verwirklichung der Lehrpläne der verschiedenen Schularten. Um die darin enthaltenen Lerninhalte zu veranschaulichen, hervorzuheben und zu strukturieren, dafür sollen die vorgestellten Tafelbilder für einzelne Geschichtsstunden ein Vorschlag oder eine Empfehlung sein. **Dabei bleibt dem Lehrer freigestellt**, eigene Schwerpunkte zu setzen, bestimmte Aussagen umzuformulieren oder wegzulassen oder durch eigene farbliche Nuancierung neue Sichtweisen zu betonen. Das Tafelbild soll sich der Unterrichtskonzeption des Lehrers anpassen, nicht umgekehrt. Die hier vorgestellten Tafelbilder werden durch die Chronologie abgegrenzt und geordnet, nicht durch die Einteilung in Klassenstufen.
Erleichternd für den Lehrer und vor allem für den Schüler soll dabei die wiederkehrende Verwendung aussagekräftiger Symbole und grafischer Zeichen sein, die dazu beitragen, ähnliche Zusammenhänge, Entwicklungsprozesse und Gesetzmäßigkeiten aufzuzeigen. Nach einer Phase der Einarbeitung wird es Lehrern und Schülern möglich sein, sich wiederholende Prinzipien der Geschichte wie beispielsweise Kriege, Bürgerkriege, Aufstände, Aufstieg und Fall, Religionen, Stilepochen grafisch ähnlich zu gestalten, wobei das Einzigartige, Individuelle der Ereignisse ebenfalls zum Tragen kommen wird. Hier helfen wiederum die Symbole, die so gewählt sind, dass auf einen Blick erkennbar wird, welcher Einzelfall gerade auf dem betreffenden Blatt behandelt wird. Beispiel: Typische Kronen, Gesellschaftspyramiden, Waffen, Stilmerkmale, Kreuze, Werkzeuge, Grundrisse, Transportmittel – sparsam angewendet und meist stilisiert – sollen beim zeitlichen und thematischen Einordnen eines Ereignisses behilflich sein, dabei jedoch nicht plakativ dastehen, sondern integrativ, d. h. mit dem Thema in einen inneren Zusammenhang gebracht werden.

Hier einige ergänzende Bemerkungen zur **praktischen Verwendung** der Tafelbilder:

- Wegen der Form der meisten Tafeln wurde das Querformat gewählt.
- Die Tafelbilder sind auch als Folie für den Tageslichtprojektor einsetzbar.
- Dem Schüler kann ein „leeres" grafisches Gerüst zur Hand gegeben werden (Arbeitsblatt).
- Manchmal sind Tafelbilder so umfangreich gestaltet, dass sie zwei Unterrichtsstunden oder eine Unterrichtseinheit zusammenfassen.
- Zum Teil wird der Titel ins Tafelbild einbezogen.
- Am Ende steht oft eine Schlussfolgerung, an die bei Folgethemen angeknüpft wird.
- Sprachlich ist das Werk im Nominalstil gehalten.
- Durch Verwendung verschiedener Schrifttypen und Farben werden Hervorhebungen vorgenommen.
- Dort, wo es unumgänglich schien, werden sehr kurze, didaktisch-methodische Anregungen beigefügt (s. S. IV).

Die Tafelbildsammlung erleichtert dem Lehrer die Durchführung seines Unterrichts. Gleichzeitig erfüllt sie erzieherische Aufgaben beim Schüler. Die ständige Verbindung von Wort und Bild, von Schreiben und Zeichnen steigert seine Aufmerksamkeit, verhindert ein Auswendiglernen ganzer Sätze und fördert den Einblick in geschichtliche Strukturen. Die schrittweise Entstehung eines Tafelbildes **(kein vollständiges Anbieten am Ende der Stunde!)**, ausgehend von einem „leeren" grafischen Gerüst bis zum „ausgefüllten" Bild, setzt den Schüler in den Stand, sowohl Einzelschritte als auch die Gesamtstruktur zu verstehen, sie sich einzuprägen und wiederzugeben. Das kann zu der Fähigkeit führen, die vielfältigen historischen Beziehungen besser zu begreifen. Durch die oben angesprochene Wiederholung ähnlicher grafischer Zeichen und Symbole lernt der Schüler, deren Aussagewert sprachlich umzusetzen und sie auf kommende Strukturen zu übertragen. Wenn beispielsweise der Schüler weiß, dass Kriege sich in „Ursache – Anlass – Gegner – Verlauf – Ergebnis – Folgen" strukturieren lassen, so bedeutet das grundsätzlich für die Betrachtung von Kriegen eine ökonomische Unterrichtsgestaltung.

Nicht zuletzt soll der Schüler zu einer sorgfältigen äußeren Darstellungsweise erzogen werden und vielleicht zu einem ästhetischen Gefühl für „schöne" Abbildungen in seinem Heft.
Zusammenfassend seien noch einmal wesentliche Erziehungsziele erwähnt, die die Tafelbilder bei Schülern verfolgen:

- Visuelles Erfassen von geschichtlichen Zusammenhängen, Entwicklungsprozessen und Gesetzmäßigkeiten
- Darstellen und Beschreiben von Ähnlichkeiten und Einzigartigem durch ähnliche bzw. typische grafische Zeichen und Symbole (Nachschlagewerk).
- Freude an Tafelbildern und sorgfältiger Heftführung; Freude am Erfolg, wenn eine Struktur erkannt wurde.

Abschließend zwei grundsätzliche Bemerkungen:

- Es handelt sich bei den Tafelbildern um das vorgeschlagene „Endprodukt“ von Geschichtsstunden. Die methodische Gestaltung der Stunden mit Lehrererzählung, Geschichtsbuch, Quellenblättern, Bildern auf Folie oder Dia, Grafiken, Gruppenarbeit, Lernzirkel und Beamer – also der **Weg zum Endprodukt** – bleibt dem Lehrer überlassen.
- Die grafische Gestaltung und die Formulierungen dienen als Anregung und sollten den Lehrer in keiner Hinsicht einengen. Kürzen, Erweitern, Teilen und Umformulieren der Tafelbilder je nach Unterrichtssituation (oft eine Zeitfrage!), Schüler- und Lehrerinteressen, Schulart und Lehrplänen werden als Selbstverständlichkeit betrachtet.

Besondere Hinweise zu den einzelnen Tafelbildern

Nr. 21: Ein Verfassungsmodell „Prinzipat“ könnte für dieses Tafelbild ausgewertet werden.

Nr. 28: Deutlicher wird das Geschehen für die Schüler, wenn die Germanenreiche in diesem und dem nächsten Tafelbild durch vier sich wiederholende Farben gekennzeichnet werden.

Nr. 29: Zur Beschleunigung des Unterrichts könnten die Germanenreiche in der linken Tafelbildhälfte vorgegeben werden.

Nr. 32: Das Königssymbol über Hilderich sollte erst durchgestrichen werden, wenn seine Absetzung behandelt wird.

Nr. 34: Das Tafelbild könnte optisch und farblich an die Kaiserpfalz in Aachen erinnern.

Nr. 35: Die drei Teilbereiche nach dem Vertrag von Verdun sollten durch drei Farben gekennzeichnet werden, die dann verstärkt nach dem Vertrag von Mersen auftreten können. In Tafelbild Nr. 38 bitte erneut übernehmen.

Nr. 44: Als Einstieg empfiehlt es sich, mit einer Landkarte und einer Genealogie der Staufer und Welfen zu arbeiten.

Nr. 53: Redensarten aus der Sprache des Rechts könnten zur Veranschaulichung herangezogen werden.

Nr. 55: Die Thematik sollte am Beispiel *eines* Territorialstaates und dessen „Verfassung“ (im Tafelbild rechts angedeutet) aufgezeigt werden. Dann könnte abschließend durch eine Karte verallgemeinert werden.

Nr. 57: Der türkische Halbmond sollte grün gezeichnet werden.

Was ist Geschichte?

Geschehen in Zeit und Raum

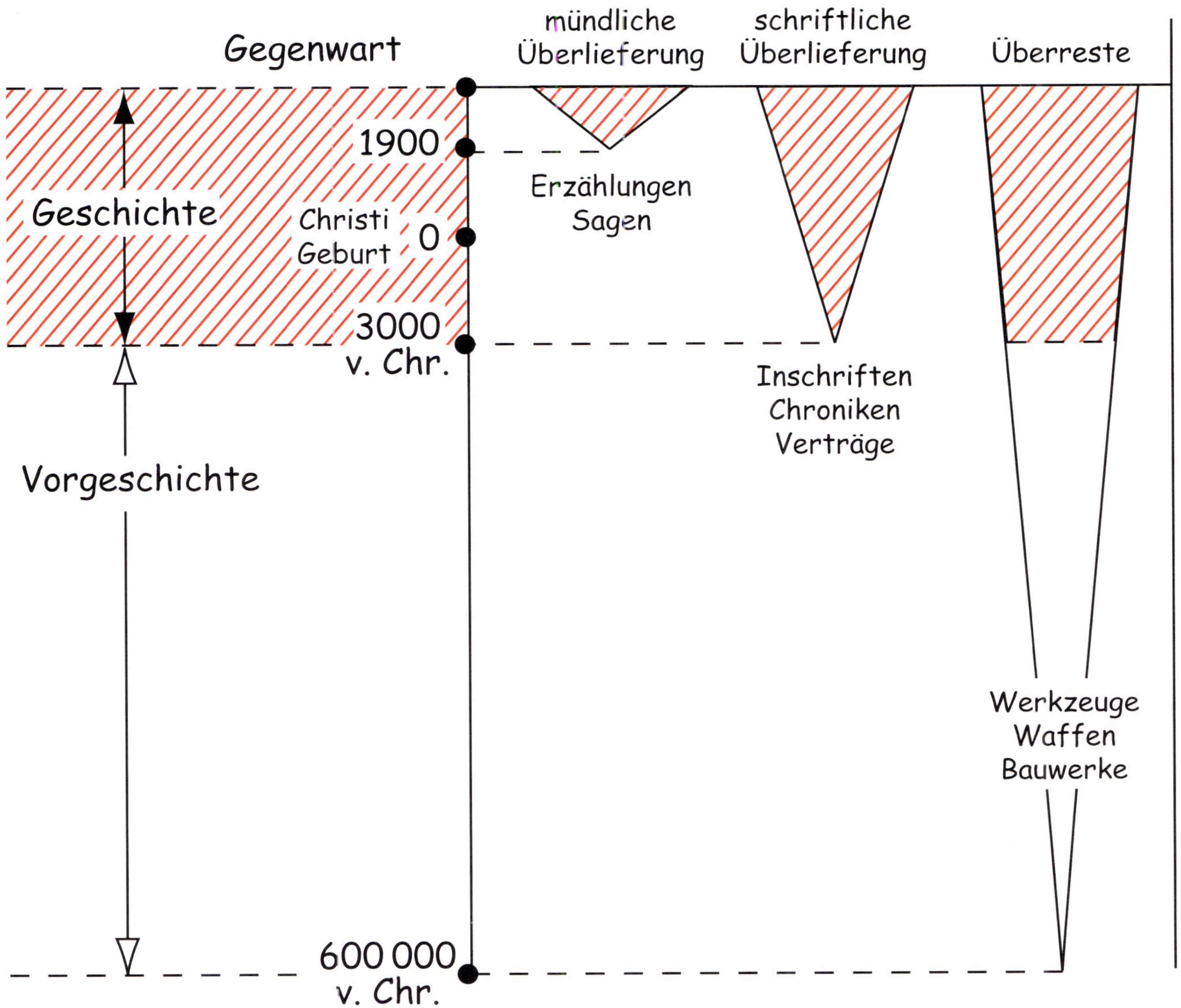

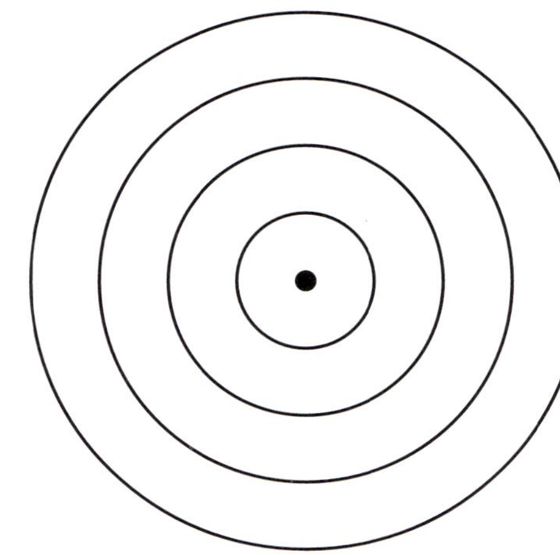

Beispiele:

Rosenheim → Heimatgeschichte
Bayern → Bayerische Geschichte
Deutschland → Deutsche Geschichte
Europa → Europäische Geschichte
Welt → Weltgeschichte

Der Urmensch

I. Außerhalb der Höhle

Jäger und Sammler

Nomaden

Methoden: Anpirschen
Fallgruben
Treibjagd

Waffen: Speer, Steine,
Pfeil und Bogen

Tiere: Mammut, Wisent,
Bär, Rentier

Jagdzauber: Höhlenmalerei dient der Beschwörung des Jagdglücks.

Sammeln: Wurzeln,
Kräuter, Beeren

Aufbewahren in: Erdlöchern
Körben
Tongefäßen
(Keramik)

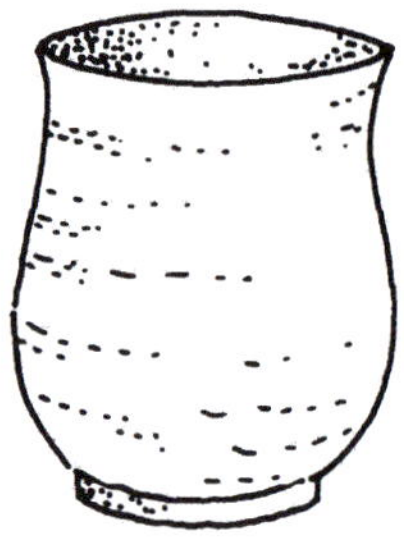

Aufrechter Gang

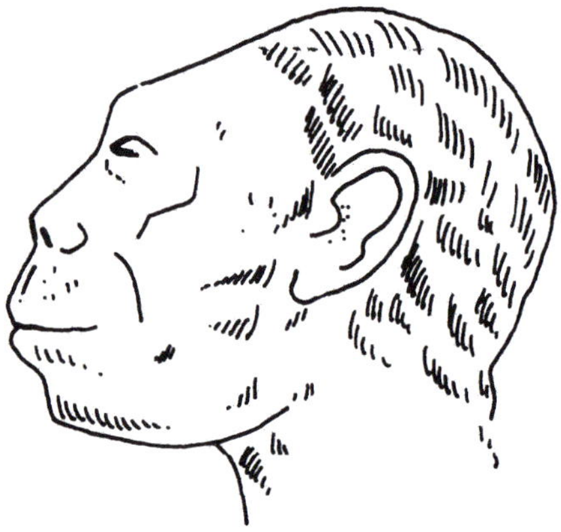

Kleidung: Felle, Häute

II. Innerhalb der Höhle

Materialien: Holz, Knochen, Stein (Steinzeit)

Werkzeuge: Faustkeil

Feuer: Wärme, Schutz, Licht

Lebensweise: Sippe, Horde

Der Mensch als Pflanzer, Hirte, Bauer

Hirte

In der Grassteppe Zähmung wilder Tiere

→ Haustiere (Hund, Schwein, Schaf, Pferd)

Pflanzer

Im Urwald Beobachtung der Natur

→ Anbau von Getreide und Obst

Bauern

Verbesserte Lebensbedingungen

- Sesshaftigkeit
- Sippen und Stämme
- Arbeitsteilung (einsetzende Spezialisierung): töpfern, bohren, schleifen, mahlen, backen, weben ...

- Herstellen von Werkzeugen und Waffen
- Anlegen von Vorräten: Saatgut, Nahrung
- Erfindung des Rades: Wagenrad, Mühlrad

Metallbearbeitung

Kupfer
Bronze (ab 1800 v. Chr.)
Eisen (ab 800 v. Chr.)

Weitere Spezialisierung

↓

Handwerker

z. B. Schmied

Entstehung einer Hochkultur am Beispiel Ägyptens

„Ägypten ist ein Geschenk des Nils"

der Nil	die Ägypter	Hochkultur
Überschwemmungen: • Wassermassen und fruchtbarer Schlamm	→ Bewässerungsanlagen: Verbesserung des Ackerbaus	Stromland
	Berechnung des Zeitpunktes: Astronomie (Kalender)	Wissenschaft
• zeitliche Regelmäßigkeit	→ Landvermessung: Geometrie	Schrift
	Arbeit an Großbauten (während der Nilschwemme), handwerkliche Spezialisierung	Städte
Wasserweg	→ Schiffsbau	Handel
	Gemeinsame Lösung organisatorischer Probleme	Staat

weitere Beispiele:

Mesopotamien
Indien
China

Staat, Gesellschaft, Glaube im alten Ägypten

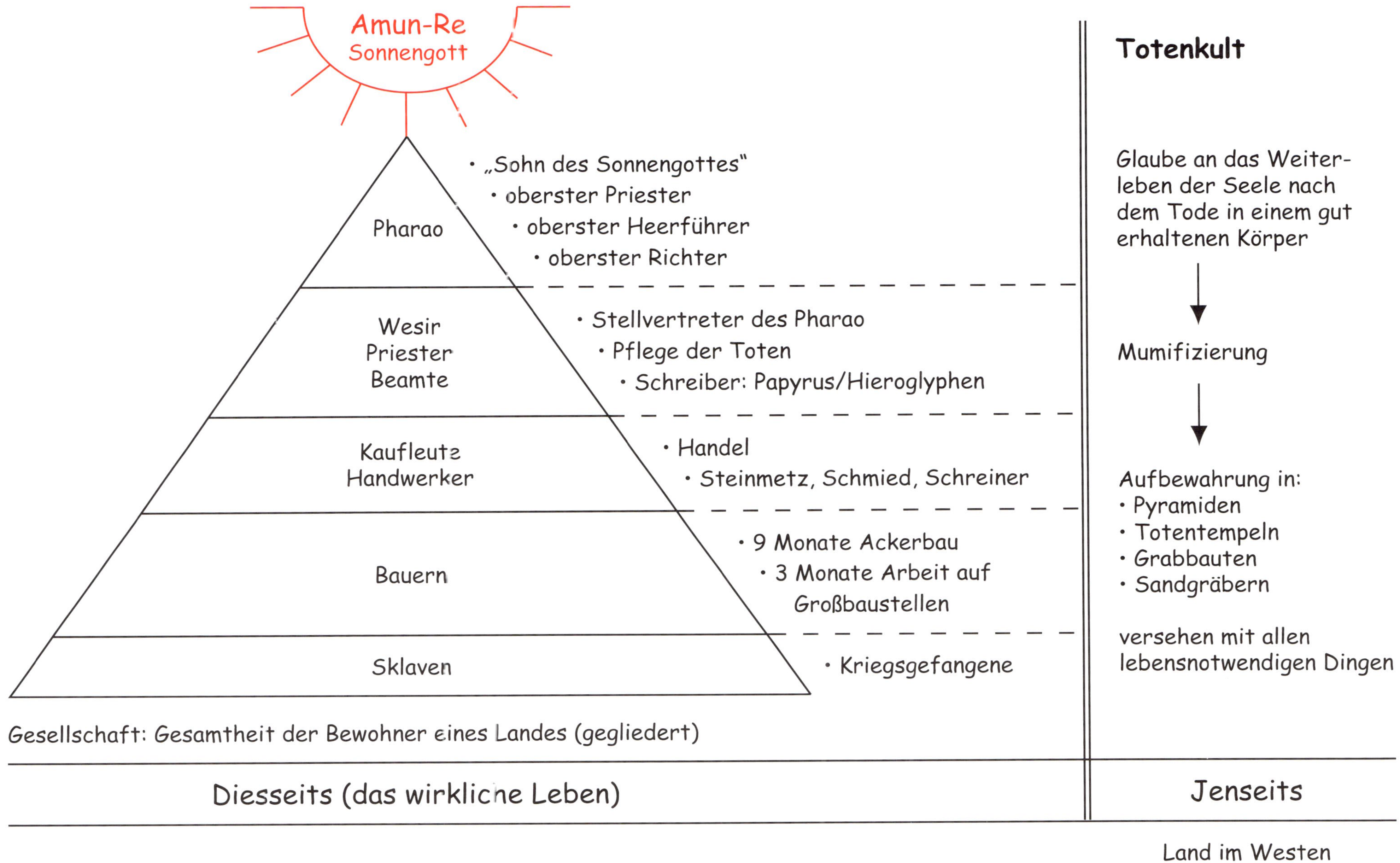

Die Anfänge der griechischen Geschichte

Indogermanen

2. Welle:
Dorer um 1200 v. Chr.

1. Welle:
Archäer und Jonier
um 2000 v. Chr.

- Ansiedlung in und um Burgen
- Entstehung zahlreicher Stadtstaaten (Polis = Stadtstaat)
  Selbstständigkeit einer jeden Polis
  Folgen: Adelsherrschaft
  Fortschritt in der Wirschaft (Handel, Handwerk)
  kultureller Aufschwung (Schrift)
- Auswanderung
  Gründe: Bevölkerungsüberschuss
  Landknappheit

→ Südfrankreich
→ Italien Sizilien
→ Nordafrika
→ Kleinasien
→ Schwarzmeerküste

Gründung von Tochterstädten nach dem Vorbild der griechischen Stadtstaaten

Kolonisation

- Ausweitung des Handels
- Ausbreitung der griechischen Kultur

Sparta – ein Kriegerstaat

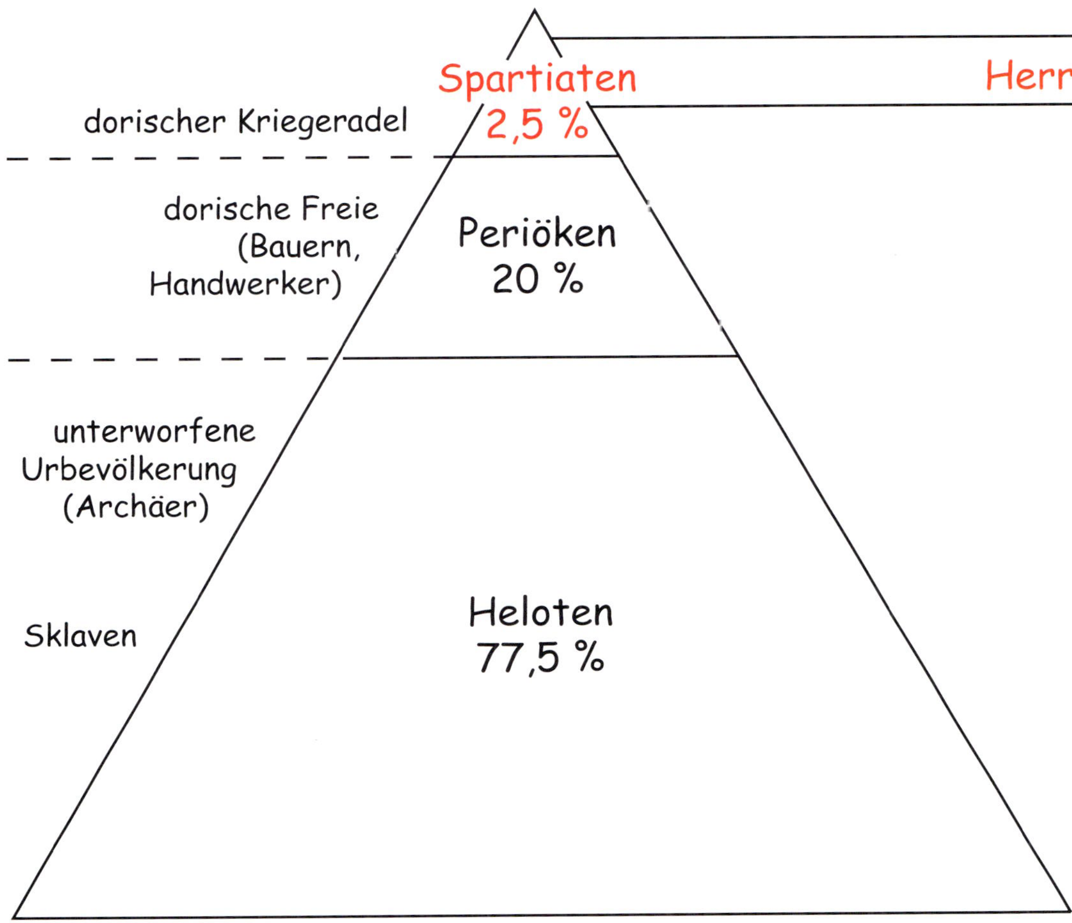

Herrschaftssicherung

1. Spartanische Lebensweise
   - Aussonderung der Schwachen
   - Erziehung der Jugend zum Krieger
   - strenges Gemeinschaftsleben der Spartiaten

   Ziele: Gehorsam
   Tapferkeit
   Abhärtung

2. Militärische und wirtschaftliche Unterdrückung der Periöken und Heloten

3. Rechtlose Untertanen

Kriegerstaat

Folgen

- militärische Großmacht
- kulturelle Verarmung

Athens Entwicklung zur Demokratie

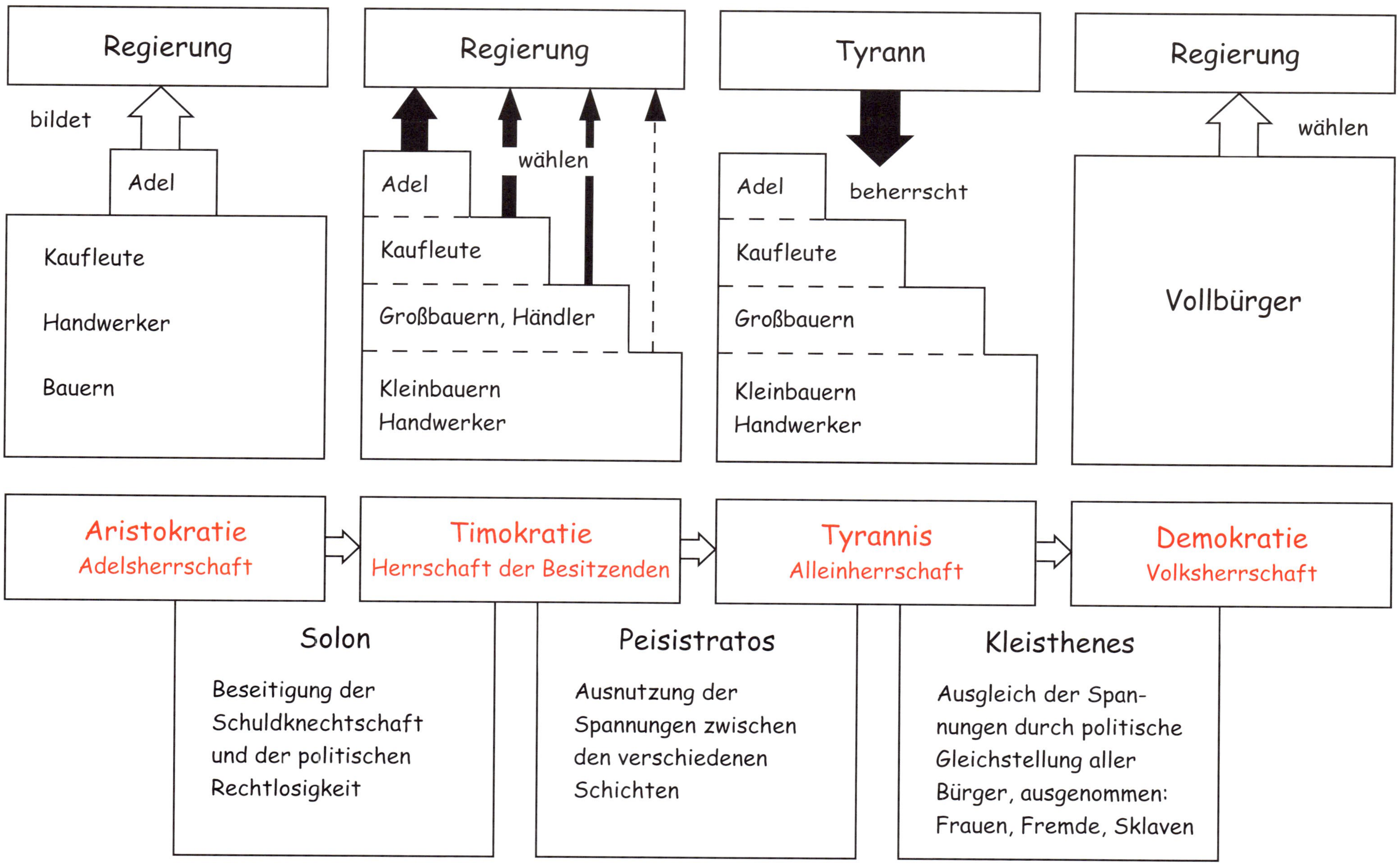

Die Zusammengehörigkeit der Hellenen

Religion und Spiele

Die Götter des Olymp

Bereich	Gott	Gott	Bereich
oberster Gott	Zeus und Hera		Familie
Götterbote	Hermes		Botschaften
Weisheit	Athene	Ares	Krieg
Liebe	Aphrodite	Demeter	Fruchtbarkeit
Feste	Dionysos	Artemis	Jagd
Meer	Poseidon	Hades	Unterwelt

- Vielgötterglaube
- Götterverehrung in Tempeln
- Orakel von Delphi: Weissagung
- menschliche Eigenschaften in Aussehen und Charakter

Gemeinschaft der Hellenen (= Griechen)

Gemeinsame Götter, Spiele und Sprache fördern das Zusammengehörigkeitsgefühl der Hellenen.

Olympische Spiele

Sportliche Wettkämpfe zu Ehren des Zeus
Heiliger Friede während der Wettkämpfe

Beginn: 776 v. Chr.: Grundlage der griechischen Zeitrechnung

Zeitlicher Abstand: alle 4 Jahre

Teilnehmer: nur Männer aus griechischen Stadtstaaten

Olympische Wettbewerbe:

1) Laufen
2) Weitsprung
3) Diskus
4) Speerwurf
5) Ringen

→ Olympischer Fünfkampf

dazu:
- Wagenrennen
- Faustkampf

- Erneuerung der Olympischen Spiele durch Baron de Coubertin (1896 Athen)
- olympische Idee heute:

Die Perserkriege

Ursache: Bedrohung griechischer Kolonien durch die Perser in Kleinasien

Anlass: Aufstand der griechischen Kolonien (Milet) gegen die Perser

Gegner	Ziel	Verlauf	Ziel	Gegner
Griechische Stadtstaaten unter Führung Spartas und Athens	Verteidigung ihrer Unabhängigkeit	**Schauplatz Kleinasien** 499 v. Chr.: Zerstörung Milets durch die Perser Unterstützung durch Athen Straffeldzug des Darius gegen Athen **Schauplatz Griechenland** 490 v. Chr.: Sieg der Griechen bei Marathon 480 v. Chr.: Sieg der Perser bei den Thermopylen 480 v. Chr.: Sieg der Griechen bei Salamis	Unterwerfung der Griechen	Perserreich unter der Führung des Großkönigs

Ergebnis:
- gemeinsame Abwehr der Perser
- Befreiung der griechischen Kolonien in Kleinasien
- gefestigte Führungsposition Athens und Spartas in Griechenland

Alexanders Versuch der Weltherrschaft

Makedonischer Heerkönig – Ägyptischer Gottkönig – Persischer Großkönig

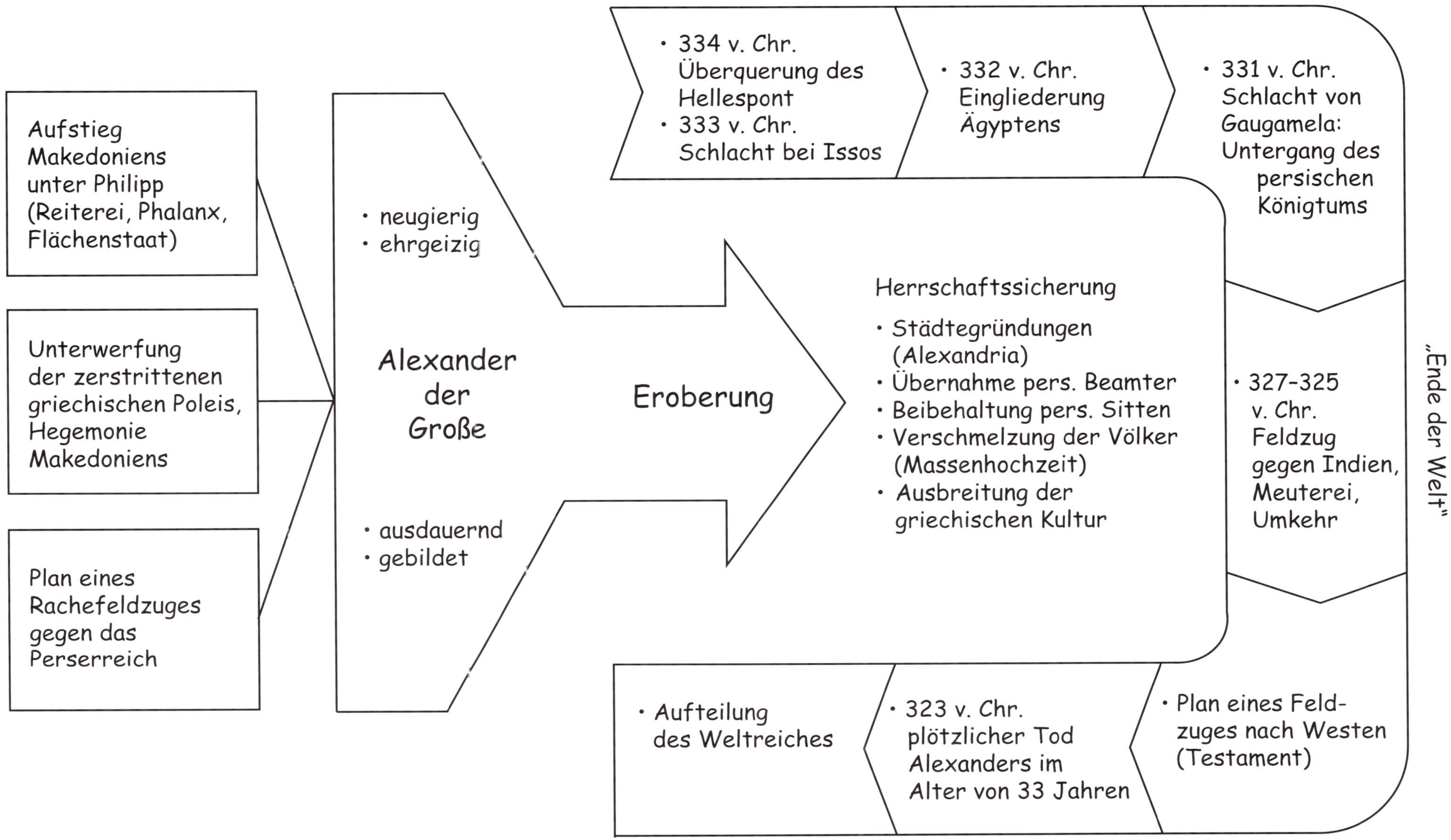

Die griechische Kunst in ihrer Blütezeit

Baukunst

dorisch jonisch korinthisch

drei Baustile im Tempelbau (z. B.: Akropolis)

Theater

- Anlage: halbrund, treppenförmig, für Tausende von Zuschauern im Freien
- Aufführung: Tragödien und Komödien (oft im Wettstreit)

Klassik

- Vorbild für spätere Architektur
- Anfänge des europäischen Theaters
- Muster für ausgewogene Schönheit
- Vorbild für spätere Literatur

Plastik und Malerei

- Statuen: Götter, Helden
- Figurenschmuck an Tempeln
- Wandgemälde
- Vasen: Szenen aus Alltag und Mythos

Dichtkunst

- Homer: „Ilias" und „Odyssee" (Belagerung Trojas und Irrfahrten des Odysseus)
- Tragödie (ernstes Schauspiel): Stoffe aus Götter- und Heldensagen
- Komödie (Lustspiel): Verspottung von Göttern und Menschen

Die griechische Philosophie

gr. philosophia = Liebe zum Wissen

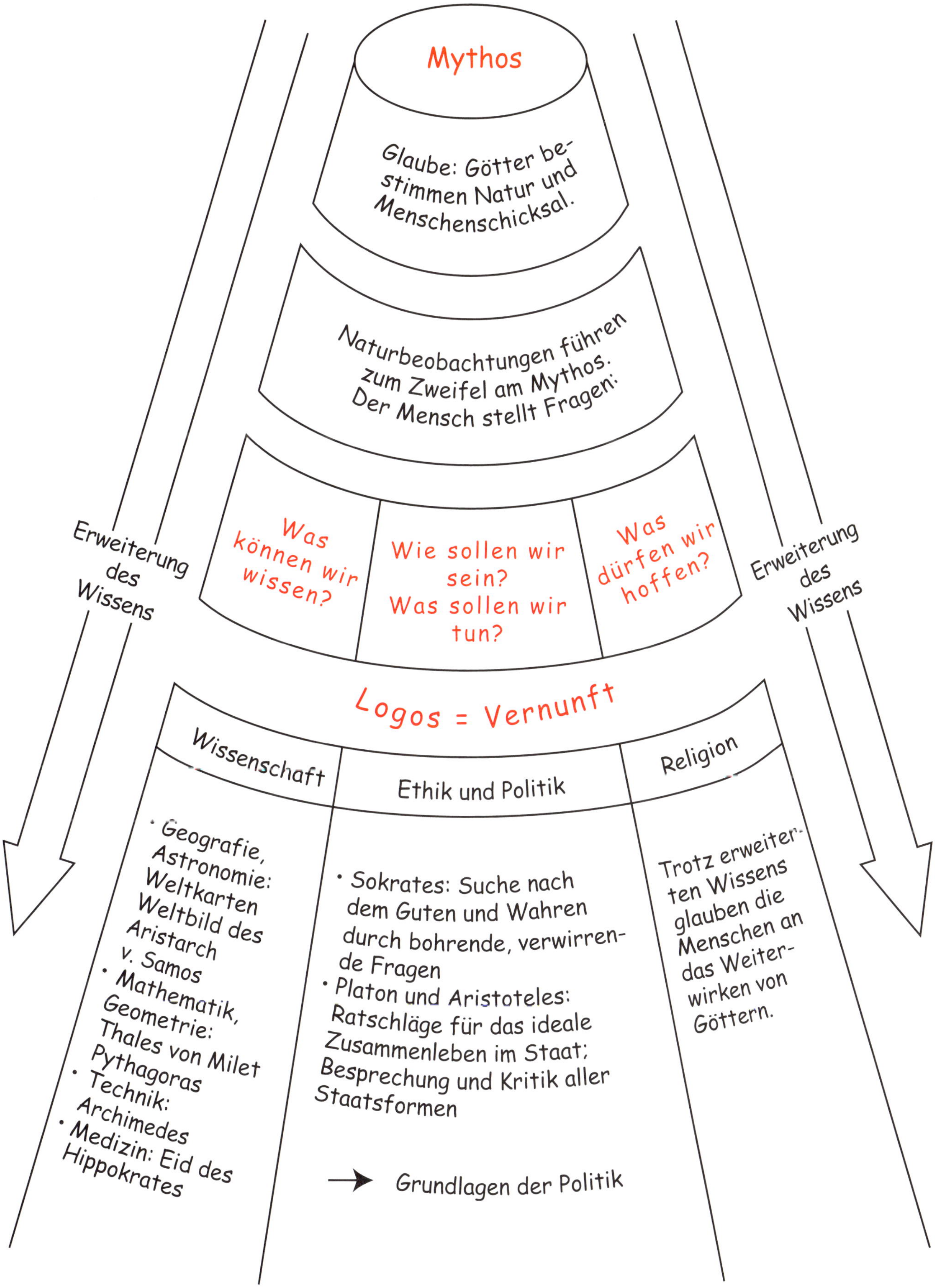

Weltkultur des Hellenismus

Ausbreitung der Griechen und ihrer Sprache

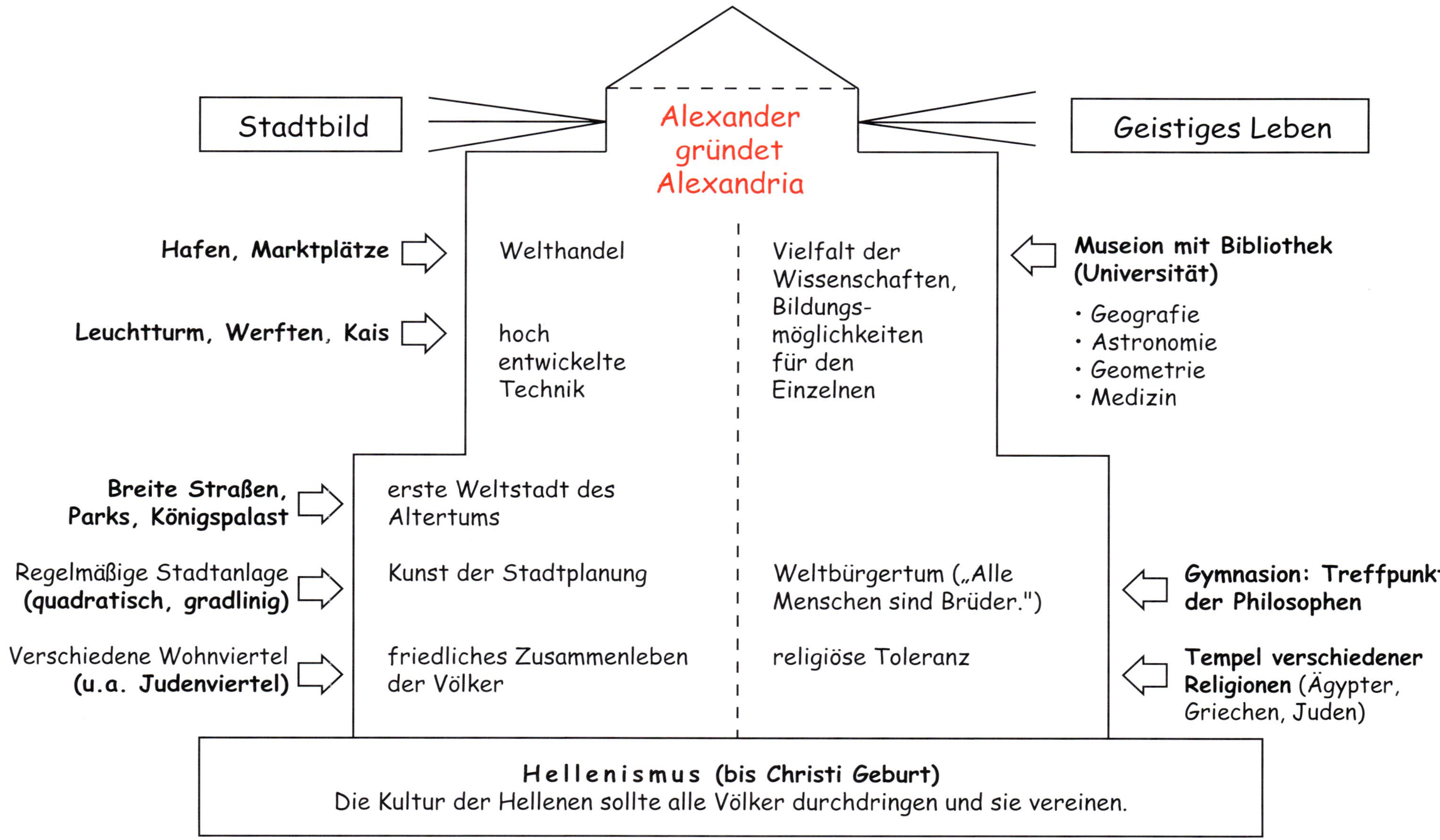

Roms Aufstieg zur Weltmacht

Mittel: Verschmelzung – Verhandlung – Vernichtung

Herrschaft: Könige (Monarchie) Konsuln (Republik) Kaiser (Prinzipat)

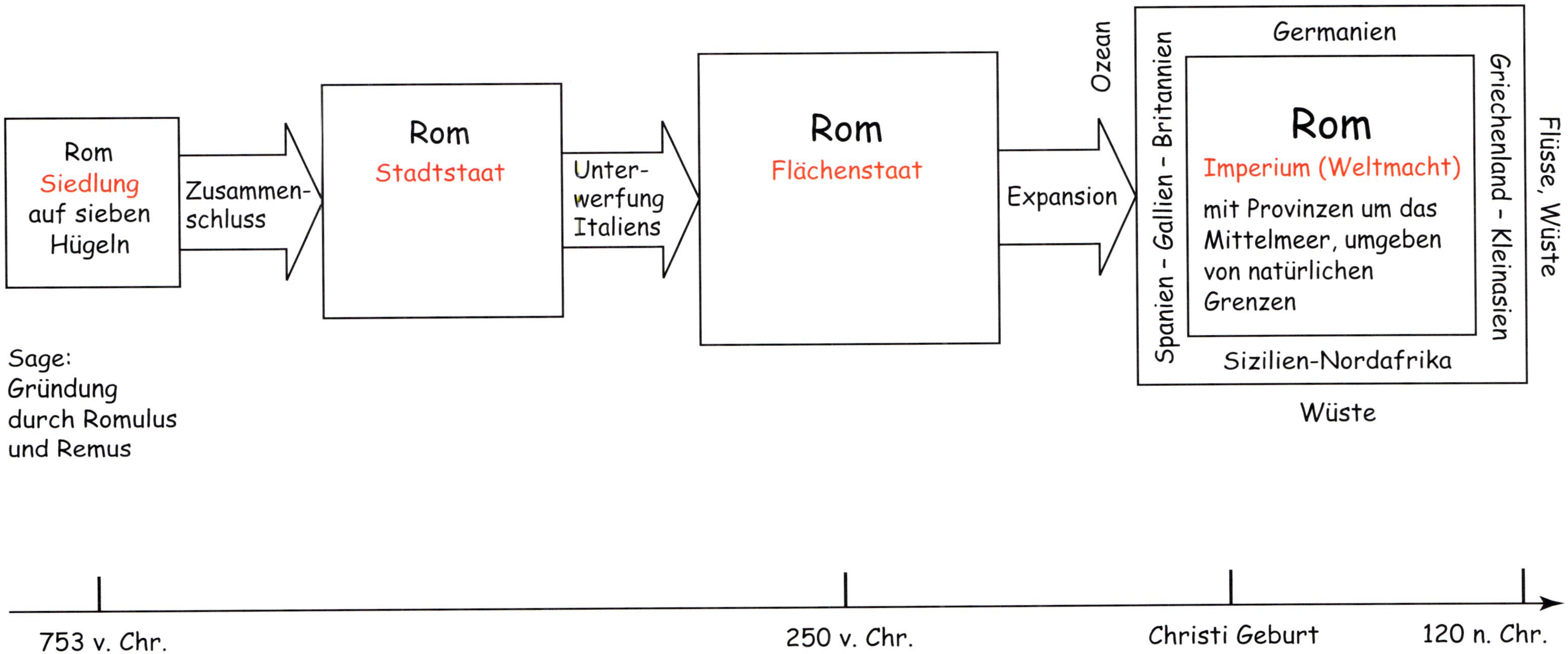

Die Punischen Kriege

– als Beispiel der römischen Expansion –

Ursache: Rivalität im Mittelmeerraum

Anlass: Streit um die „Kornkammer" Sizilien

Gegner: Landmacht **Rom** und seine italienischen Bundesgenossen

Ziel: Ausdehnung der Macht im Mittelmeerraum

Motive:
- Konkurrenzneid
- Verzweiflung
- Rache

Verlauf

1. Punischer Krieg (264–241 v. Chr.):
   - Aufbau einer römischen Flotte
   - Niederlage Karthagos
   - Sizilien wird die erste römische Provinz
2. Punischer Krieg (218–201 v. Chr.):
   - Hannibals Siegeszug durch Italien (Cannae)
   - Einfall der Römer in Nordafrika
   - harte Friedensbedingungen für Karthago
3. Punischer Krieg (149–146 v. Chr.): endgültige Vernichtung Karthagos

Ziel: Behauptung der Macht im westlichen Mittelmeer

Gegner: See- und Handelsmacht **Karthago**

Ergebnis:

Vorherrschaft Roms im Mittelmeerraum, Einrichtung von Provinzen

Die Sicherung des Römischen Imperiums

wirtschaftlich

- keine Grenzen im Reich
- keine Zölle
- einheitliche Währung

Verwaltung

- Provinzstatthalter
- Beamte: Steuern, Verträge, Ansiedlung römischer Bürger, Rechtsprechung

militärisch

- Kastelle
- Grenzwälle (Limes)
- Heerlager an den Straßen

Die Gesellschaft in der Römischen Republik

Altrömische Familie

Römische Tugenden

- auctoritas (Vorbild)
- pietas (Götterglaube)
- fides (Treue)

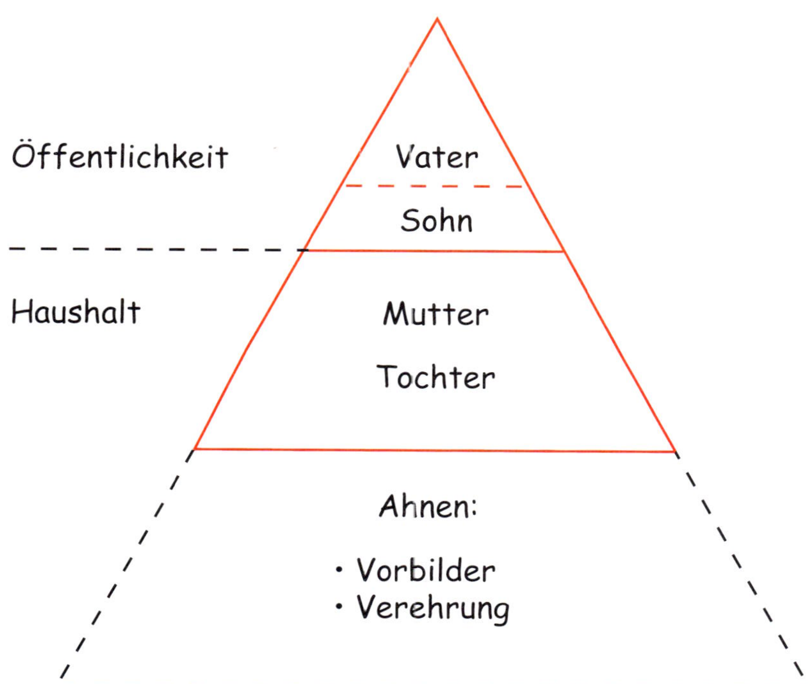

Zwei Stände

- alte Adelsfamilien
- Großgrund-besitzer
- hohe Staatsämter
- militärische Führer

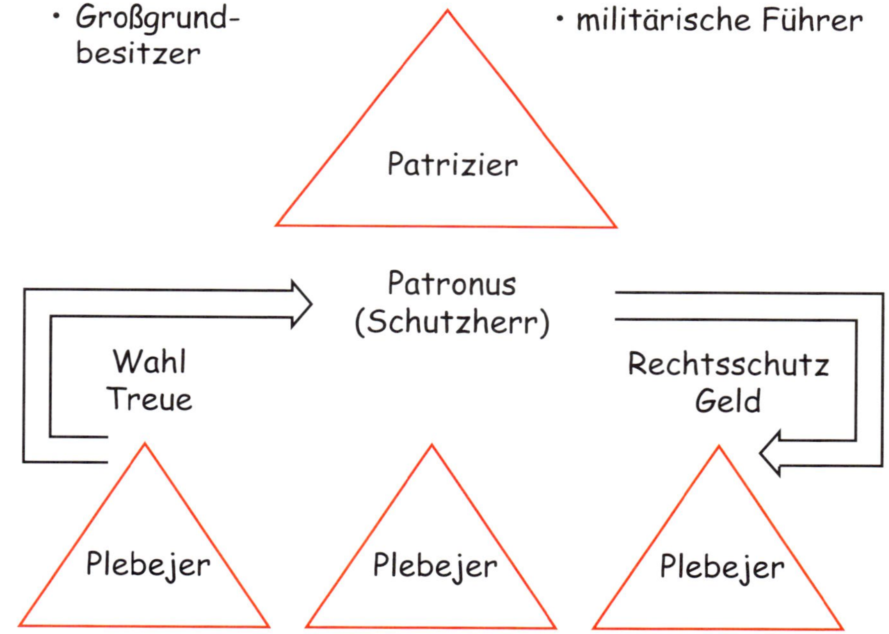

- Masse des römischen Volkes
- wenig begüterte Bauern und Handwerker
- wenig Mitsprache in der Politik
- ständige Teilnahme an Feldzügen

Gesellschaftliche Veränderungen in der Römischen Republik

Plebejer

- ungerechtes Wahlrecht in der Volksversammlung
- ständige Teilnahme an Feldzügen
- Verarmung (Schuldknechtschaft)

Ständekämpfe

bis etwa 300 v. Chr.

- „Generalstreik" der Plebejer
  Erfolg: Volkstribun (Vetorecht)
- Kampf um Rechtssicherheit
  Erfolg: Zwölftafelgesetz (schriftlich)
- Kampf um hohe Ämter
  Erfolg: Zugang zu Staatsämtern
- Beseitigung des Heiratsverbots

Patrizier

- Vormacht in der Volksversammlung
- hohe Staatsämter: Konsul, Senator, Priester
- Richter (mündliches Recht)
- Heirat nur untereinander
- Reichtum, Großgrundbesitz

Ergebnis

veränderte römische Gesellschaft	
Plebejer	neue Oberschicht: • erfolgreiche Plebejer • Patrizier

politische Gleichberechtigung

jedoch weiterhin:

- Armut durch Kriege
- Kriegsgewinne

Folgen:

Bürgerkriege

Das Schicksal der Sklaven im Römischen Reich

Wie wurde man Sklave?

- Kriegsgefangenschaft
- Schuldknechtschaft
- Geburt

Wie lebte man als Sklave?

Gladiatoren

Arbeitssklaven
(Berg-, Straßen-, Hausbau, Landwirtschaft)

Haussklaven
(Lehrer, Ärzte, Köche ...)

- unfrei
- rechtlos
- übermäßige Arbeit
- kaum Lohn

Gab es einen Ausweg?

- **Aufstände:** (Spartacus)
  Ergebnis: grausame Bestrafung
- **Freilassung, Freikauf**
  Ergebnis: Leben in Freiheit, Aufstiegsmöglichkeiten
- **kein Ausweg für die meisten**

Von der Militärdiktatur zum Prinzipat

– das Ende der Römischen Republik –

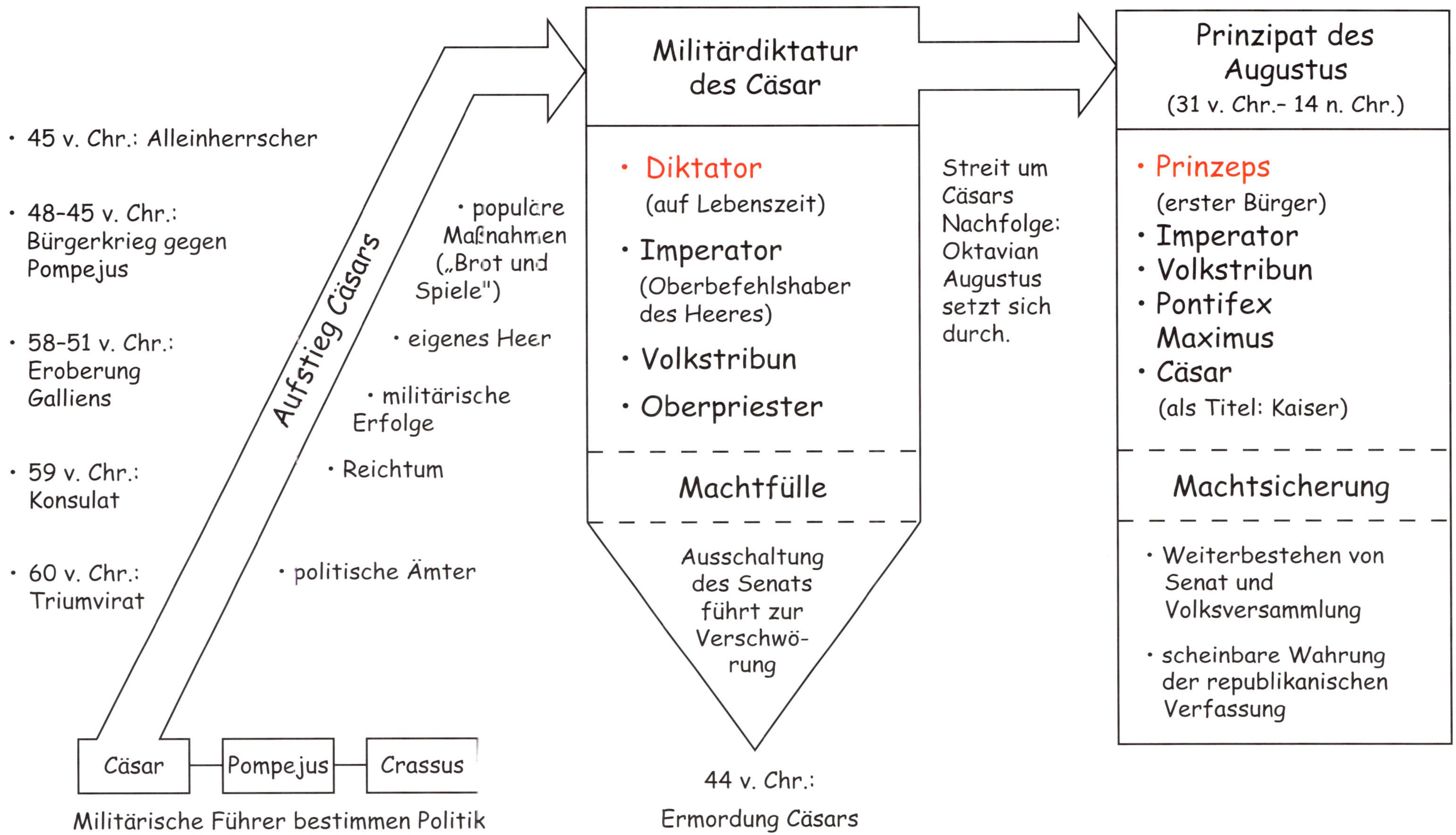

Das Zeitalter des Augustus

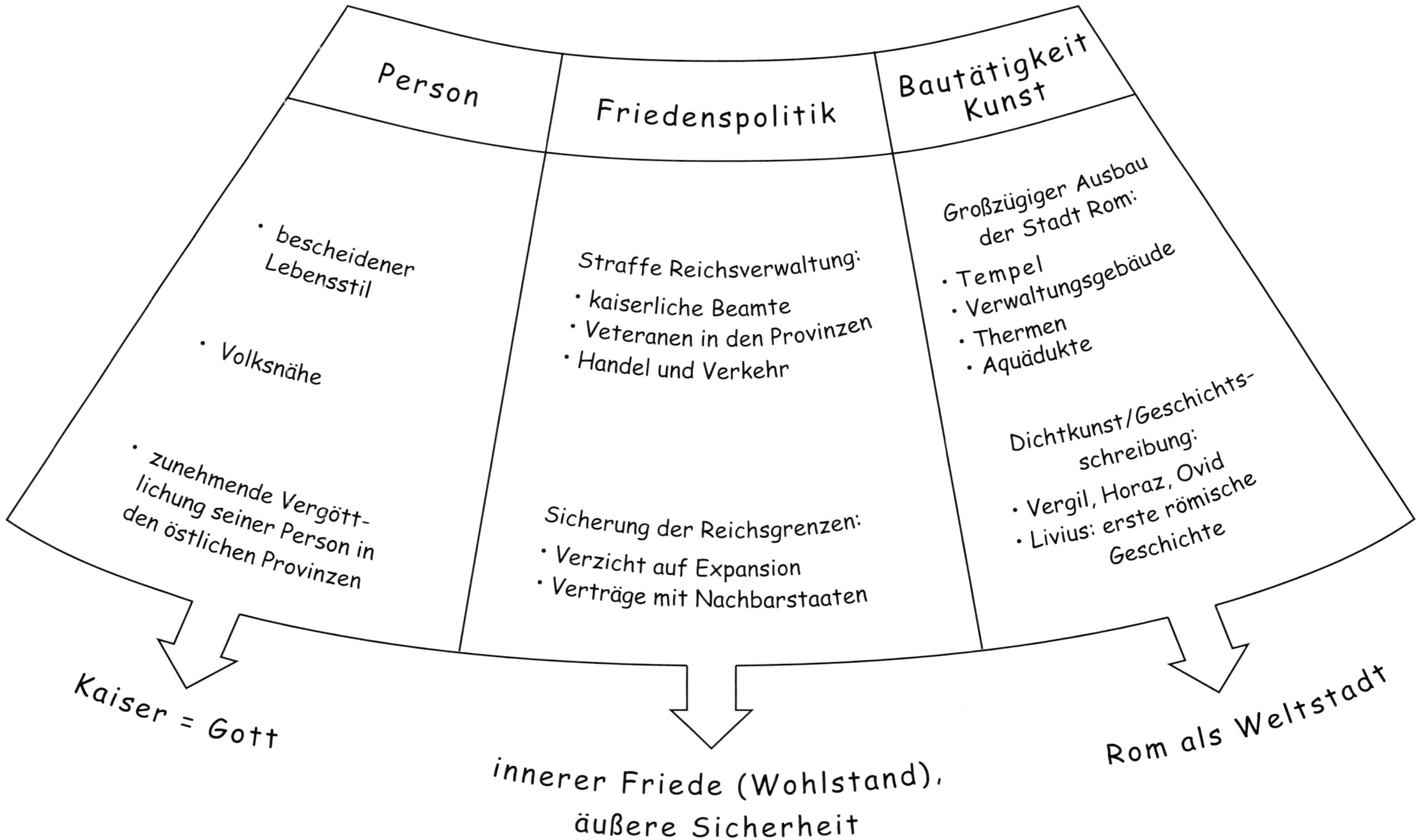

Rom als Weltstadt

Millionen-stadt

Villa:

Wohnung der Wohlhabenden (Garten, Atrium)

Mietshaus:

- Massenunterkunft
- kaum Hygiene
- Einsturzgefahr

Kultur-zentrum

- Theater, Literatur: Schulbildung nach griechischem Vorbild
- Treffpunkt: Forum Romanum

Unterhaltung für die Massen:

- Zirkusspiele
- Gladiatorenkämpfe
- Wagenrennen

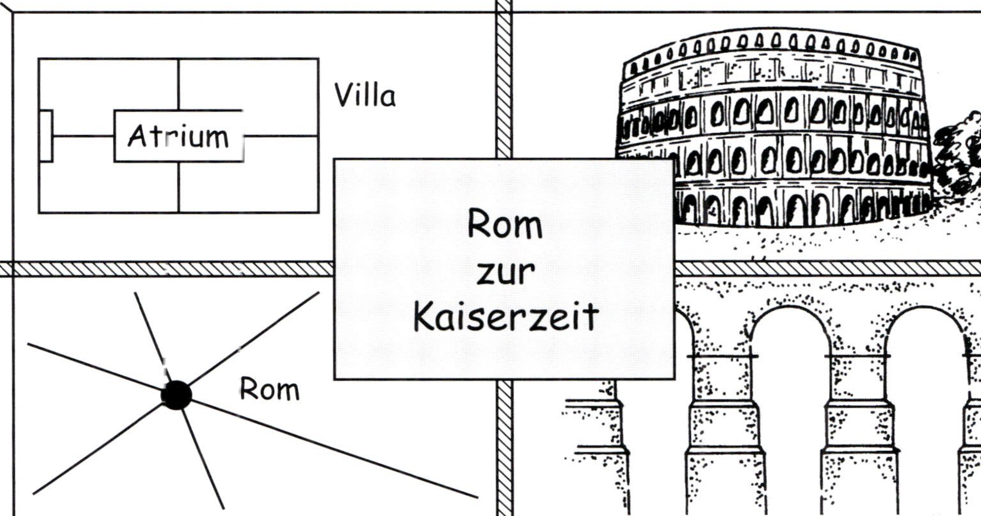

Handels-zentrum

Märkte, Lagerhallen für importierte Güter:

Versorgung der Bevölkerung mit lebensnotwendiger Nahrung

Luxusgüter für die Oberschicht (Delikatessen, Gastmähler)

Hauptstadt

Technik:

- Straßennetz
- Aquädukte
- Thermen (Bäder)

- Regierungsgebäude auf dem Forum Romanum
- Kaiserpaläste
- Triumphbögen, Siegessäulen
- Tempel

Sicherung des Imperiums und beginnende Bedrohung

Sicherungsmaßnahmen

- Siedlungspolitik:
  Römerstädte
  Ansiedlung römischer Bürger
- Einführung des römischen Rechts
- Diplomatie: Verträge
  (Frieden, Handel)
- Militär: Römerlager
  (Kastelle)
  Grenzwälle
  (Limes)
  Anwerbung germanischer Söldner

Neue Entwicklung:

Selbstbewusstsein der Provinzen

Eigenmächtigkeit der Feldherren

Herrschaft der Soldatenkaiser (235–305 n. Chr.)

- erfolgreiche Generäle
- Ausrufung durch das Heer
- kurze Regierungszeit
- oft gewaltsamer Tod
- Verlagerung der Macht von Rom in die Provinzen

Germanen

Parther

Mauren

Maßnahmen zur Erhaltung des Römischen Reiches

KRISE

- äußere Bedrohung des Reiches: zunehmende Bedeutung des Militärs
- Verlagerung der Macht von Rom in die Provinzen: Soldatenkaiser
- wirtschaftliche Not: hohe Steuern für militärische Ausgaben, Preissteigerungen
- Bevölkerungsrückgang: Hunger, Seuchen, Räuberbanden
- Widerstand der Christen gegen den Kaiserkult

ZWANGSSTAAT

Diokletian (284–305)

1. Aufteilung des Reiches in 4 Teile: Vierkaiserherrschaft
2. Zwangswirtschaft: Berufszwang, Höchstpreise, harte Besteuerung
3. Christenverfolgungen

Konstantin (324–337)

1. Beseitigung der Mitkaiser: Alleinherrschaft
2. Zwangswirtschaft
3. Neue Hauptstadt: Konstantinopel
4. Religionsfreiheit für Christen

Theodosius (379–395)

1. Reichsteilung (395): West-, Ostreich
2. Christentum wird Staatsreligion (391)

ZERFALL DES RÖMISCHEN WELTREICHES

Das römische Recht

geschichtliche Entwicklung

§

- mündliches Recht: nach der Gründung Roms dem ersten König Roms zugeschrieben
- 451 v. Chr.: Zwölftafelgesetz: schriftliche Gesetzgebung sichert Rechte der Plebejer, beendet rechtliche Willkür
- 534 n. Chr.: Corpus Juris Civilis: im Auftrag des Kaisers Justinian Sammlung und Ordnung der Gesetze des Römischen Reiches

Inhalte

- Privatrecht: Ehe, Familie, Scheidung, Erbschaft, Verträge
- Zivilrecht: Rechte der Patrizier, Plebejer, Sklaven, Privatverträge
- Staatsrecht: Republik, Prinzipat, Gesetze des Senats, des Kaisers, Verträge mit anderen Stämmen oder Staaten
- Strafrecht: staatliche Strafen, privater Strafvollzug (z. B. „Sündenbock“, Bußgelder)
- Prozessrecht: Regeln für Prozessablauf, Aufgaben der Advokaten und Juristen

Auswirkungen auf den modernen Rechtsstaat

geregeltes Prozessverfahren

- schriftliche Aufzeichnungen
- öffentliches Verfahren
- feste Regeln beim Ablauf (z. B. Eröffnung, Redezeit, Abstimmung)
- Recht auf einen Anwalt

unumstößliche Rechtsgrundsätze

- im Zweifelsfall für den Angeklagten
- keine Strafen wegen bloßer Gedanken
- keine Strafen ohne Gesetz
- Notwehr ist erlaubt

Wandel des Christentums

Religionsgegensatz

Römer: Vielgötterei – Rache – Recht des Stärkeren – Reichtum und Ruhm

Christen: Ein Gott – Vergebung – Nächstenliebe – Armut, Bescheidenheit

führt zu

Verfolgung → **Duldung** → **Staatsreligion**

Verfolgung
u. a. durch Diokletian
Grund:
Christen als Gefahr für den Staat (keine Kaiseropfer)
Methoden: Verhöre, Hinrichtungen

Duldung
durch Konstantin 313:
Toleranzedikt von Mailand

Staatsreligion
unter Theodosius 391

Leben der Christen

- Katakomben
- Märtyrertod
- Kunst: Hoffnung auf Errettung durch Gott

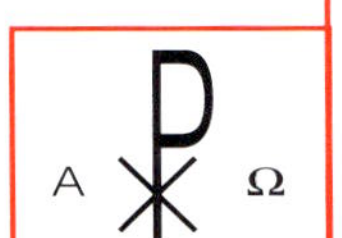

„... im Zeichen des Kreuzes ...“

Kaiser als Schutzherr der Kirche

Christen als Stütze des Staates

Kirchenorganisation:

- Bistümer (Bischöfe)
- Bistum Rom (Papst)

Kirche und Staat:

- Kaiser als Kirchenoberhaupt
- Verbot des bisherigen Glaubens

Christliche Kunst:

- Christus als Weltherrscher (Ausdruck des Sieges)
- Bau von Kirchen

Die Völkerwanderung

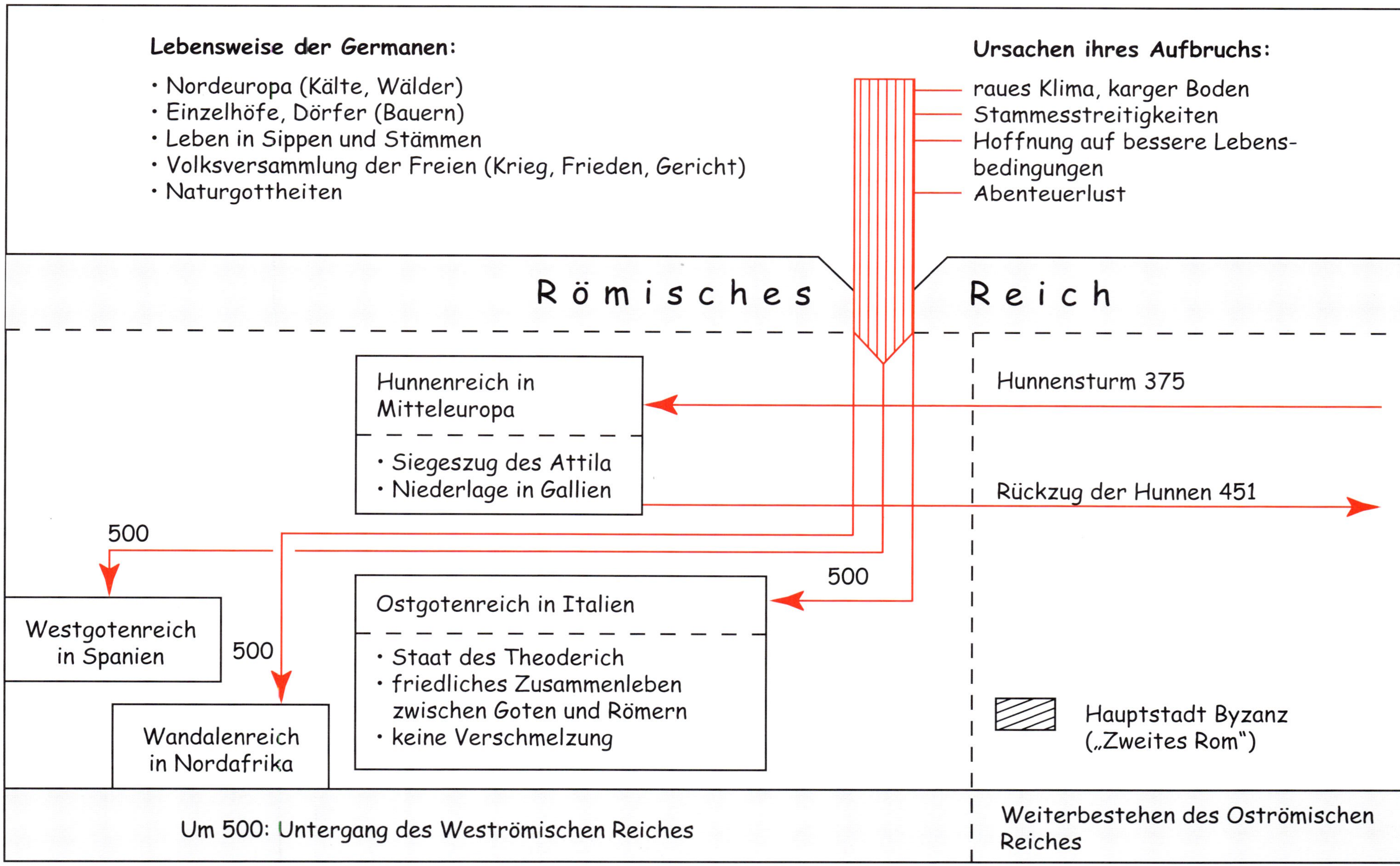

Justinian, Kaiser von Byzanz

Untergang des Weströmischen Reiches

Westkirche

Papst als Oberhaupt der lateinischen Christenheit

Ostgotenreich

ROM

Westgotenreich

Wandalenreich

vorübergehende Rückeroberung

Oströmisches Reich

Kaiser Justinian (527–565)

Byzanz: „Zweites Rom"

weltliche Macht

Kaiserpalast: strenges Hofzeremoniell

Heer: Feldherrn Belisar und Narses

Recht: „Codex Juris Civilis"

- einheitliches Recht im Reich
- Vorbild für spätere Gesetzbücher in Europa

geistliche Macht

Hagia Sophia: größte und prächtigste Kirche (Mosaike, Ikonen)

Ostkirche:

- griechisch-orthodoxes Christentum
- Patriarch: geistliches Oberhaupt
- Gegensatz zum Papst in Rom

Weiterbestehen des Byzantinischen Reiches bis 1453

Der Islam

Wüstenreligion → Weltreligion

Zusammenfassung arabischer Glaubensrichtungen durch

Mohammed

624 Hedschra: Flucht von Mekka nach Medina

Neue Religion

Beginn der muslimischen Zeitrechnung

Glaube	Gebet	Almosen	Fasten	Pilgern
Koran (Suren), Glaube an **einen** Gott, das Jüngste Gericht, an ein Leben nach dem Tode	· tägliche Reinigung · tägliches Gebet (fünfmal) Richtung Mekka	· freiwillige Gaben · Almosensteuer	· Fastenmonat · Verbot von Schweinefleisch und Alkohol	nach Mekka zur Kaaba
Aufruf zum heiligen Krieg	Hygiene, Disziplin	Finanzierung der Kriege	Entbehrungen im Krieg	Zusammengehörigkeit, Gehorsam

Fünf Säulen als Grundlage für die Ausbreitung des Islam

I S L A M

militärische Expansion:

- Persien
- Arabien
- Nordafrika
- Spanien

Kalifen als geistliche und weltliche Herrscher

Wirtschaft:

Handel: Karawanen, Basare

Kulturelle Einflüsse aus:

- dem Orient: Stadtkultur (Moscheen, Paläste)
- der Antike: Naturwissenschaft, Philosophie
- Indien: „arabische" Zahlen

Folgen der Ausbreitung:

- Verschmelzung zahlreicher Kulturen
- Bereicherung der europäischen Kultur

Die *Christianisierung der Germanen und Slawen*

Das Reich der Franken

Taufe des Frankenkönigs Chlodwig:
Übernahme des Christentums

- Beseitigung der Naturgottheiten:
  Christus als neuer Heilbringer für die Bauern, Fischer, Krieger
- Missionare als vorbildliche Christen
- Märtyrertod vieler Missionare
- Gründung von Klöstern und Bistümern (Kirchenorganisation)
- Unterstützung durch den fränkischen König

Festigung des christlichen Glaubens und enge Bindung an Rom

Irland
Schottland

Mission durch Mönche aus religiösem Eifer

Kilian, Kolumban, Korbinian …

Rom

Mission des Bonifatius im Auftrag des Papstes

Ehemaliges Weströmisches Reich

Römisch-katholische Kirche

Slawen

Russen, Bulgaren, Tschechen, Slowaken, Serben …

- Klostergründungen
- Verbreitung der orthodoxen Lehre (kyrillische Schrift)

Byzanz

Mission durch Kyrill und Method im Auftrag des Kaisers

Oströmisches Reich

Orthodoxe Kirche

Das Frankenreich

Von den Merowingern zu den Karolingern

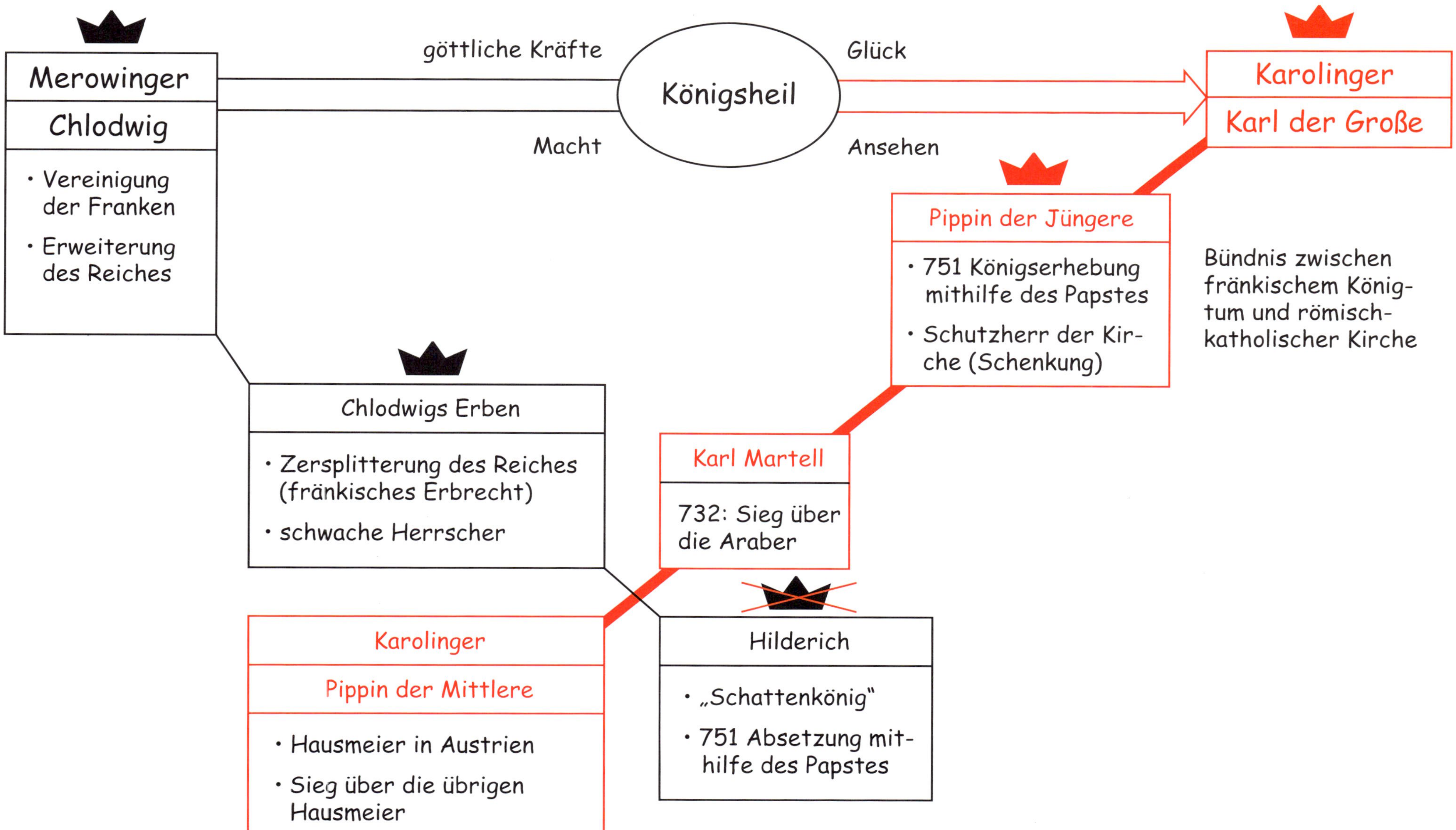

Karl der Große (768–814)

König der Franken – König der Langobarden – Römischer Kaiser

König der Franken

Person

- wissbegierig
- fromm
- machtbewusst
- kriegerisch

Ausgangslage

- alleiniger Nachfolger Pippins als König der Franken
- Bündnis zwischen fränkischem König und römischer Kirche (Papst)

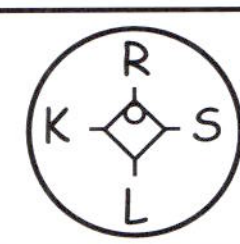

König der Langobarden

Langobarden

- Bedrohung des Kirchenstaates durch die Langobarden
- Sieg Karls über die Langobarden
- Krönung zum König der Langobarden

Bayern

- Verteidigung ihrer Selbstständigkeit
- Absetzung des Bayernherzogs Tassilo
- Eingliederung ins Frankenreich

Awaren

Eroberung und Vernichtung

Sachsen

- Einfälle der Sachsen in das Frankenreich
- 772–804 Feldzüge Karls gegen die Sachsen
- Sieg, Bestrafung, gewaltsame Taufe

Römischer Kaiser

Kaiserkrönung

- Hilfegesuch des Papstes
- Romzug Karls
- Kaiserkrönung (800):

  Karl als Nachfolger der römischen Kaiser und Schutzherr der Kirche

Das Reich Karls des Großen tritt die Nachfolge des Römischen Weltreiches an.

Das Kaisertum Karls des Großen steht gleichberechtigt neben dem Kaisertum von Byzanz.

Das Reich Karls des Großen

Reichsverwaltung

- Reichseinteilung in Gaue und Marken
- Verwaltung durch Gaugrafen und Markgrafen
- Verwaltung durch Bischöfe und Äbte
- Kontrolle durch Reisen des Königs und Königsboten

Wirtschaft

- königliche Mustergüter (bei den Pfalzen)
- Einführung der Dreifelderwirtschaft
- Versorgung des Königs auf Reisen
- Warenaustausch mit dem Orient
- Münzrecht für den König

Kaiserpfalz Aachen:

- Königspalast
- Pfalzkapelle
- Hofschule (Gelehrtenkreis um Karl)
- landwirtschaftliches Königsgut

Bildung

- Kloster- und Domschulen
- Mönche als Lehrer
- Sammeln und Abschreiben alter Schriften und mündlicher Überlieferung
- karolingische Minuskel (Kleinbuchstabenschrift)

„Das neue Rom"

Die karolingischen Reichsteilungen

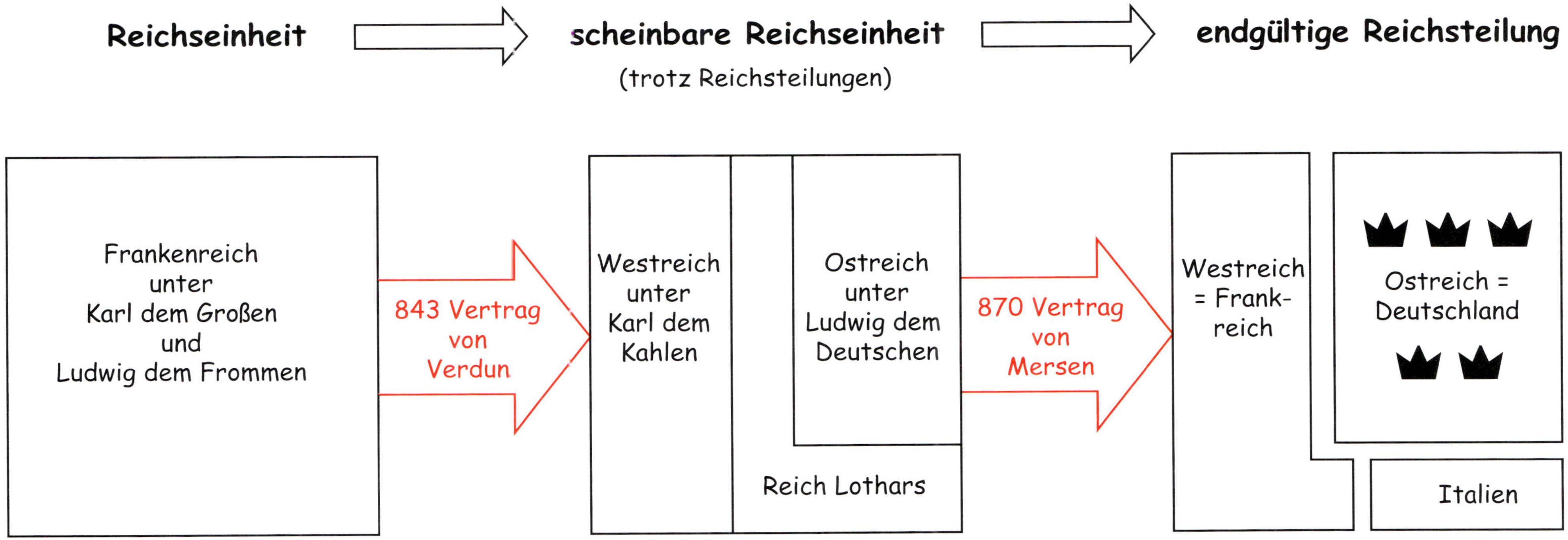

Gründe für die Reichsteilungen:

- fränkisches E-brecht
- Erbstreitigkeiten unter den schwachen Nachfolgern
- Normannen- und Slaweneinfälle

Folgen der Reichsteilungen:

- Sprachentrennung (Französisch – Deutsch)
- Erstarken der fünf Stammesherzöge im Ostreich: Franken, Schwaben, Sachsen, Bayern, Lothringen

Das Lehenswesen

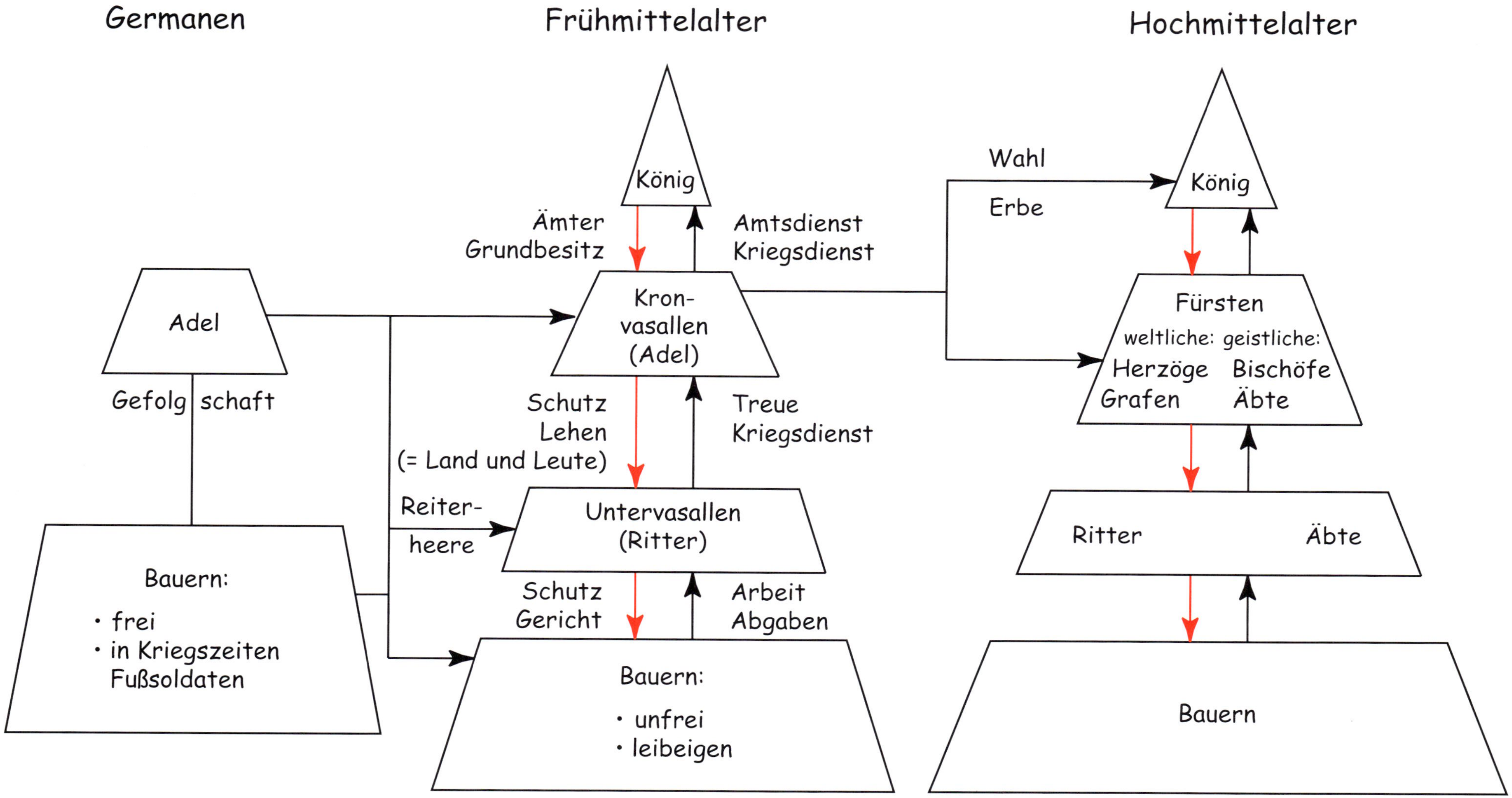

Der Staat im Mittelalter: enge Bindungen und Abhängigkeiten von Personen

Der Staat heute: Bindung an Gesetze

Die Wikinger (Normannen)

Heimat:
Norwegen
Schweden
Dänemark

Lebensweise:
Fischfang
Handel

Gründe für den Aufbruch:
Adel: Beute, Ruhm, Abenteuer, Macht
Bauern: Landnot, Missernten

vig = Kampf/vik = Bucht
viking = Seekrieger

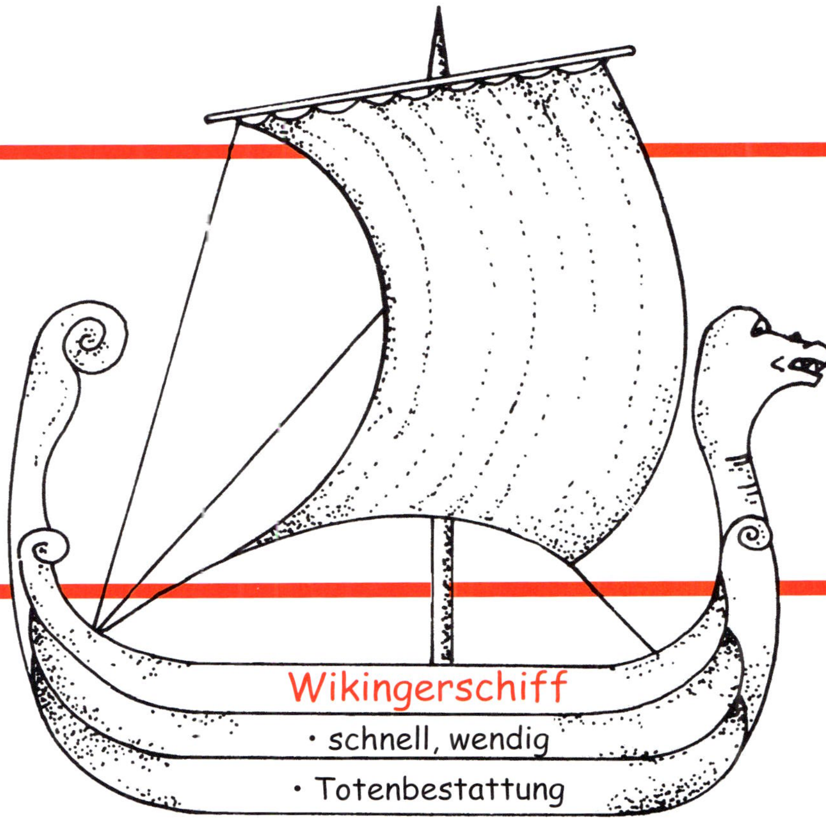

Grönland
Island

Amerika
(um 1000)

England

Frankreich

Mittelmeer-
länder

Russland

Piraten
- Überfälle
- Plünderungen

Händler
- Siedlungen
- Handelsniederlassungen

Staatengründer
Kiewer Reich
Normandie
Süditalien/Sizilien
England (1066)

Die Gründung des Deutschen Reiches

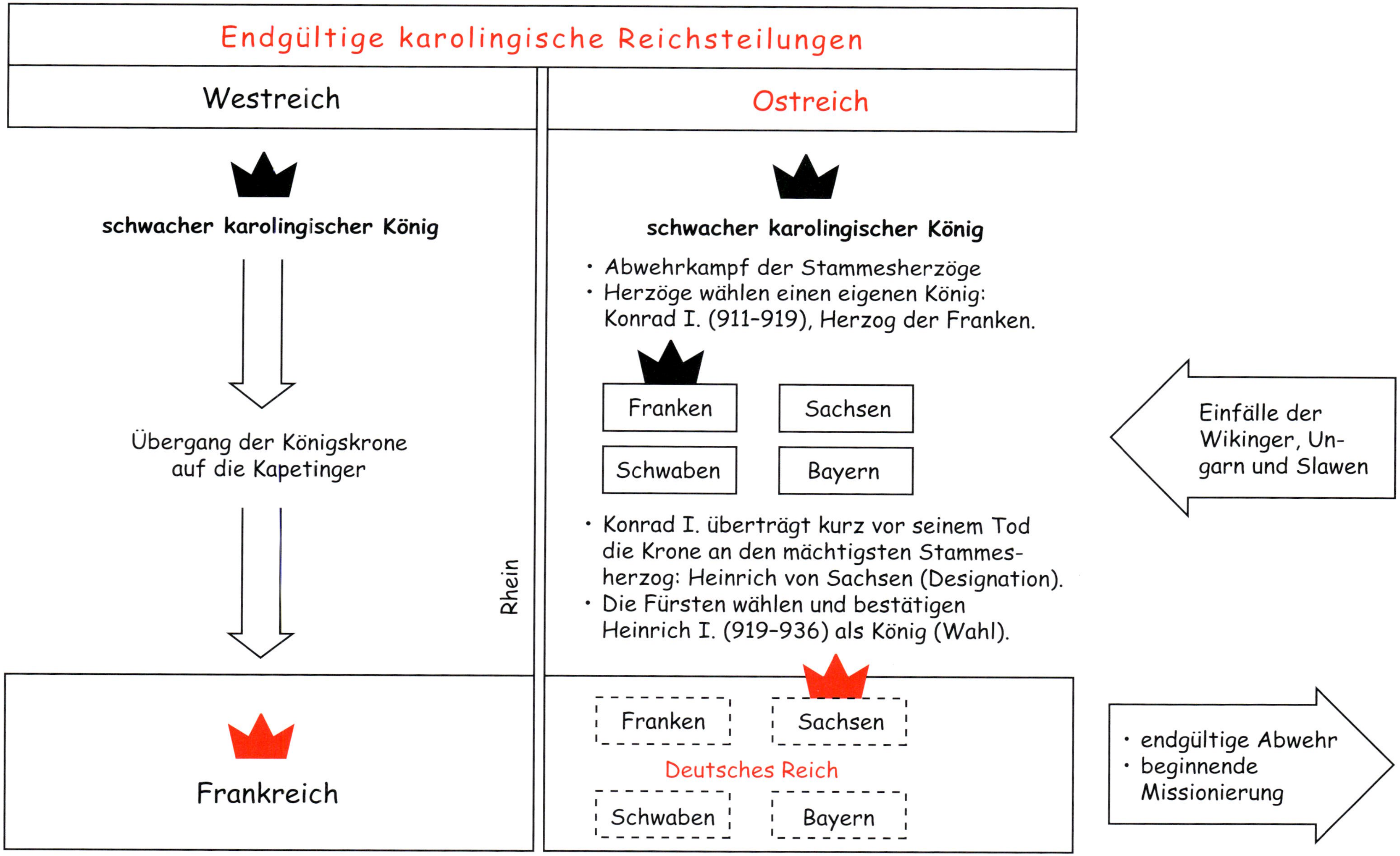

Königs- und Kaiserkrönung im Mittelalter

Krönungszeremonie:

1. Thronerhebung durch weltliche Fürsten (Treueid)
2. Empfang in der Kirche durch Bischöfe
3. Zustimmung durch das Volk
4. Übertragung der Reichsinsignien →
5. Salbung
6. Messe
7. Krönungsmahl
8. Herzogsdienste beim Krönungsmahl
(Kämmerer
Marschall
Mundschenk
Truchsess)

Reichsinsignien:

Reichsschwert → Kampf für das Christentum

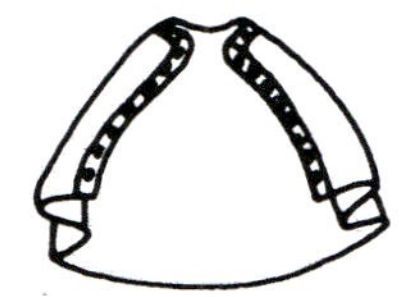

Krönungsmantel → Schutz des Glaubens und Friedens

Königskrone — Deutscher König

Zepter → oberster Richter, Schutz der Schwachen

Reichsapfel → christlicher Weltenherrscher

Anspruch auf:

Reichsitalien	Kaiserkrone	Krönung durch den Papst
Fortsetzung der Italienzüge der Karolinger	• mächtigster Herrscher des Abendlandes • Erneuerung des römischen Kaisertums	• Kaiser als Schutzherr der Kirche • Herrscher allein von Gottes Gnaden

Die Kirche als neue Stütze der Sachsenkaiser (10. Jh.)

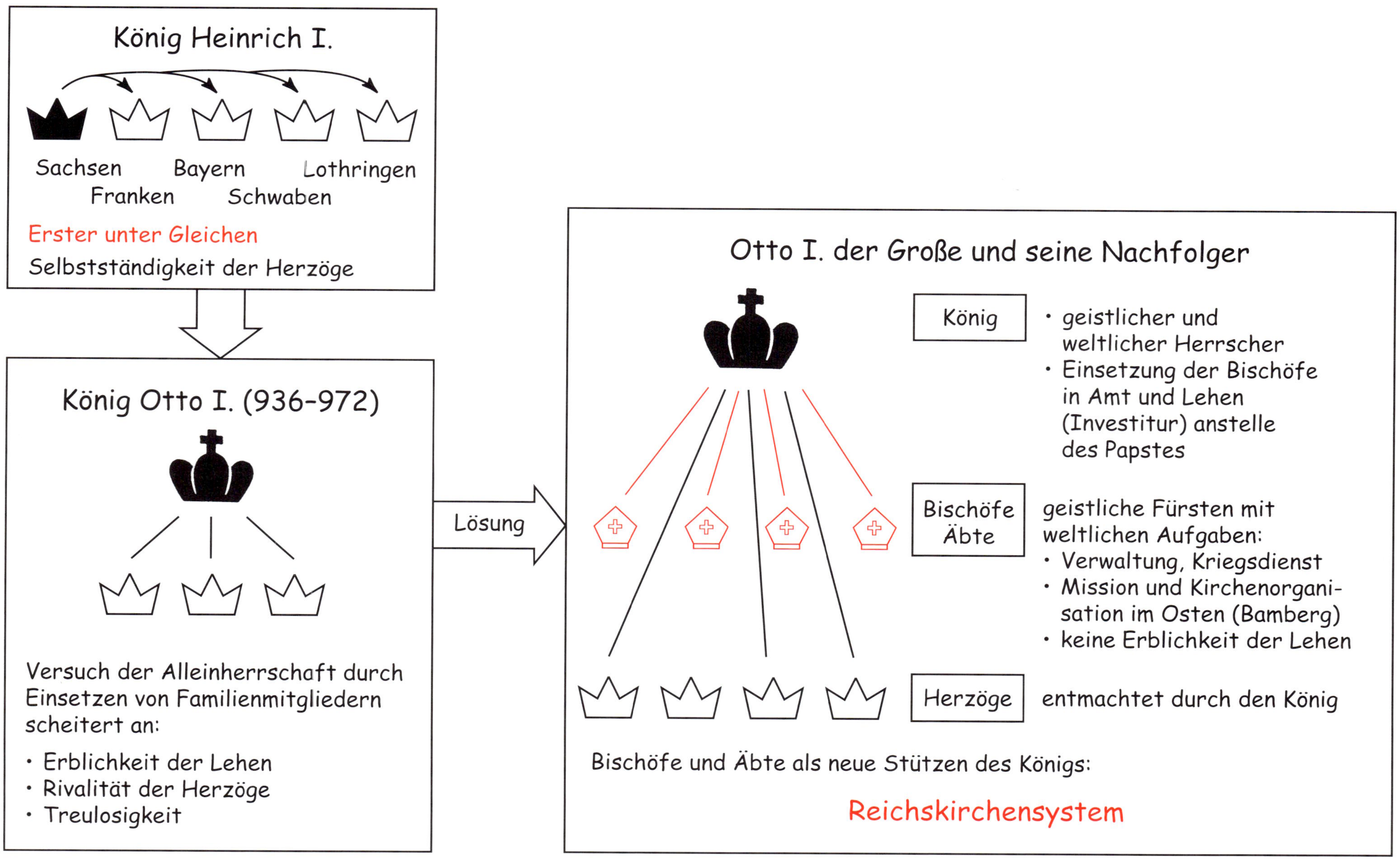

Das abendländische Mönchtum

Weltliche Entsagung
vieler Menschen
als:

Einsiedler

Klostergemeinschaft

missionierende Wandermönche

Benedikt v. Nursia

Bonifatius

Dienst für Gott

529 Klostergründung durch Benedikt von Nursia
auf dem Monte Cassino

Kloster als religiöses Zentrum

Ordens-
regel:

ORA et LABORA

- Armut
- Gehorsam
- Ehelosigkeit (Zölibat)
- Kloster-
bindung

Gebet
Gesänge
Unterricht
Arbeit in
Bibliotheken
(Handschriften)

↓

Kloster als kulturelles
Zentrum

Landwirtschaft
Handwerk
Handel
Betreuung von
Kranken
Unterbringung von
Pilgern

↓

Kloster als wirtschaftliches
Zentrum

Folgen:

- Vorbild für zahlreiche Klostergründungen
- zunehmender Reichtum der Klöster

Der Streit um die Einsetzung der Bischöfe

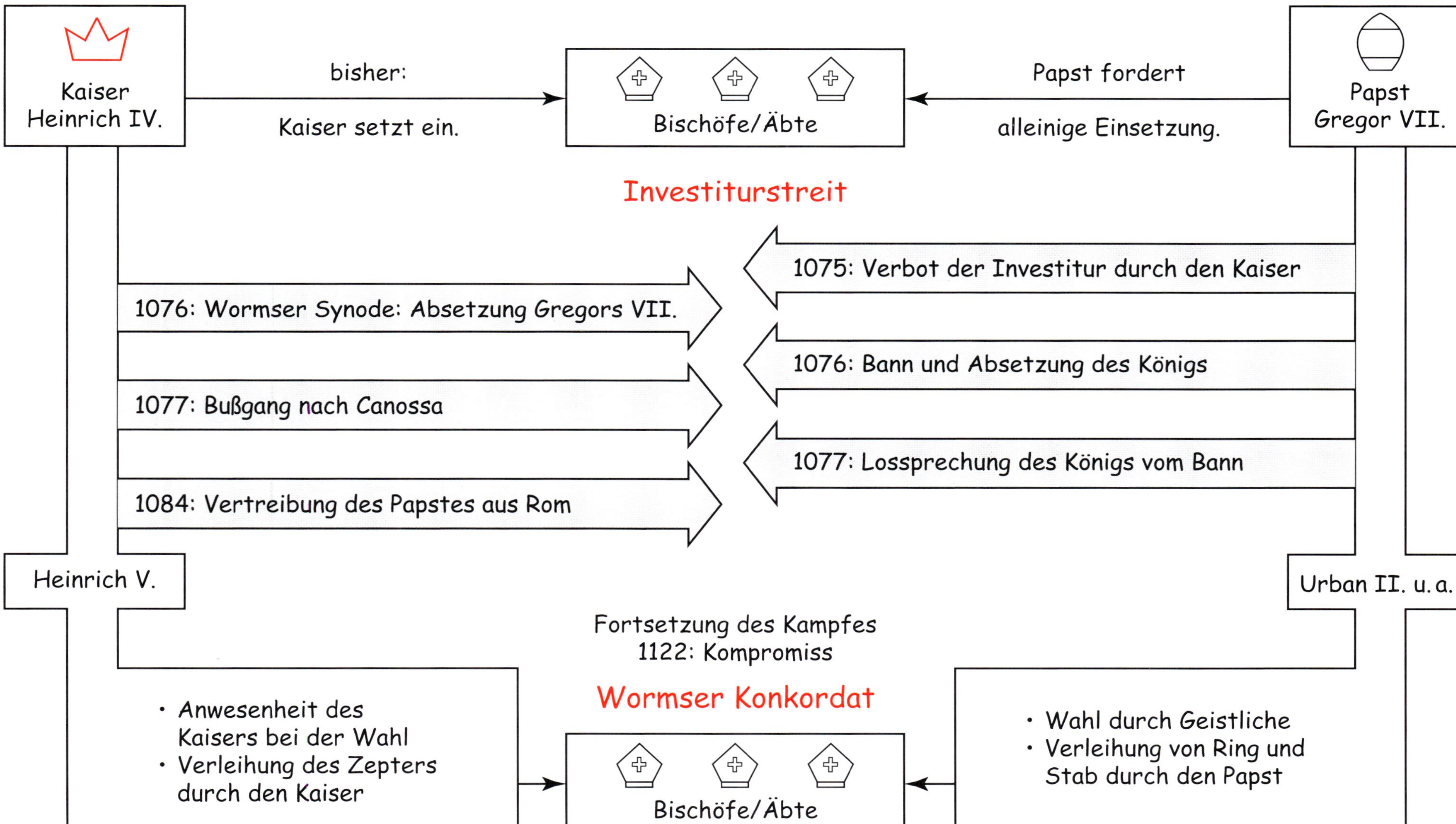

Ergebnis: Schwächung der kaiserlichen Macht – Stärkung der Fürsten – Stärkung der Macht des Papstes

Die Kreuzzüge

Ursachen der Kreuzzüge

Abendland ✝

religiös:
- Pilgerzüge ins Heilige Land
- Aussicht auf Sündennachlass

weltlich:
- Abenteuerlust
- Bereicherung

Morgenland ☾

- Besetzung der heiligen Stätten (Jerusalem 1078) durch Muslime
- Behinderung der christlichen Pilgerzüge
- Bedrohung von Byzanz

Anlass

1095:	Kreuzzugspredigt Papst Urbans II. „Gott will es“

Verlauf

1. Kreuzzug:	Ritterheere aus ganz Europa
1095-1099	Strapaziöser Marsch ins Heilige Land (Land- und Seeweg)
	1099 grausame Eroberung Jerusalems durch die Christen
	Gründung des Königreiches von Jerusalem
2.-7. Kreuzzug:	Gründung weiterer Kreuzfahrerstaaten
1147-1270	Gründung geistlicher Ritterorden (Templer, Deutschherren, Malteser)
	Insgesamt erfolgloser Verlauf
1291:	Verlust des letzten christlichen Stützpunktes Akkon

Folgen

Einflüsse aus dem Orient

- Stoffe, Gewürze
- Mathematik (arabische Zahlen bzw. indische Ziffern)
  Medizin, Astronomie
- Teppich, Gobelin, Diwan, Badewanne
- „Alkohol“, „Aprikose“
- Toleranz

Wirtschaft
Wissenschaft

Lebensart
Sprache
Religion

Fortschritte in Europa

- Aufschwung des Handels
- Bereicherung des Wissens

- Verfeinerung der Lebensart
- Erweiterung des Wortschatzes
- religiöse Toleranz

Die Herrschaft Friedrichs I. Barbarossa

Deutschland

Staufer Friedrich I. Herzog von Schwaben 1152 Deutscher König	→ ← Macht-kampf → ←	Welfen Heinrich der Löwe Herzog von Sachsen 1156 Herzog von Bayern

Ziel: Ausbau der königlichen Gewalt

Mittel:
- Burgenbau
- Städtegründungen
- Pfalzgründungen

Verwaltung durch königliche Beamte (Ministerialen)

1180 Prozess/Absetzung Heinrichs des Löwen

Ergebnis:
- Festigung der königlichen Gewalt

Ziel: Unabhängigkeit der Fürsten vom König

Mittel:
- Aneignung königlicher Rechte (= Regalien)
- 1158 Gründung Münchens
- Gehorsamsverweigerung

Ergebnis:
- Verlust der Lehen
- Bayern an die Wittelsbacher

Italien

sechs Italienzüge

Kaiser	→ Macht-kampf ←	Papst Städte

- Hilfe durch die Wittelsbacher
- Wiederherstellung der königlichen Rechte (z. B. Mailand, Bologna)
- Einsetzung eines Gegenpapstes

- Städtebund
- Bündnis: Papst/Städte

1176
Niederlage des Kaisers
1190
Tod auf dem Kreuzzug

Friedrich II. von Staufen (1210–1250)

Römischer Kaiser

- Fortsetzung des Machtkampfes mit Papst (Bann) und oberitalienischen Städten
- 5. Kreuzzug: Erfolg durch Verhandlungen

Kampf um die Herrschaft in Italien

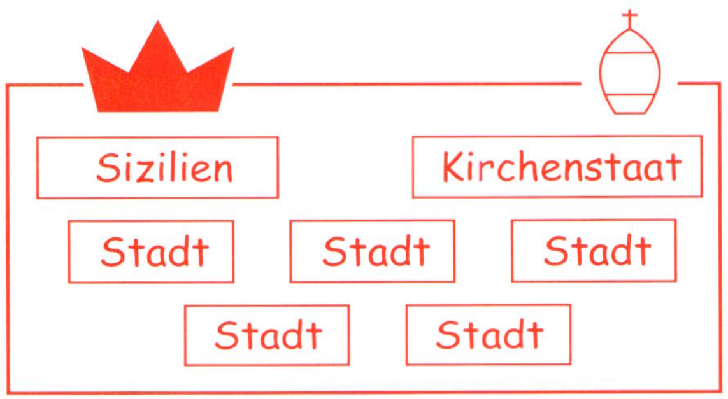

- Sieg des Papstes über den Kaiser
- Versuch, den Kaiser abzusetzen (als Ketzer)

König von Sizilien

Persönlichkeit:
- Geburt und Erziehung in Palermo
- vielfältige kulturelle Einflüsse (Religionen, Sprachen, Völker)
- Aufgeschlossenheit für Natur, Astronomie, Architektur, Philosophie

Regierung in Sizilien

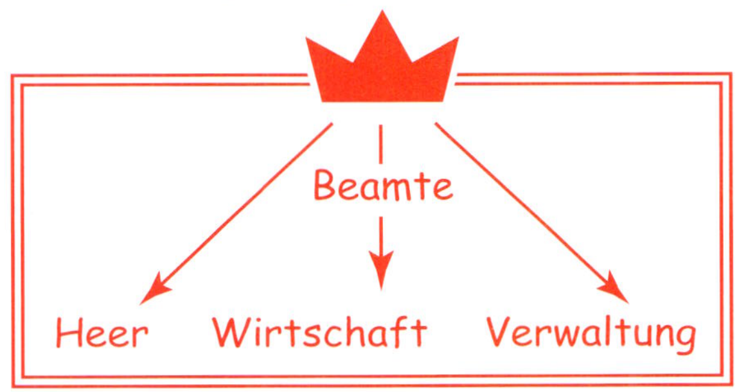

zentral regierter Beamtenstaat

Deutscher König

- zweimaliger Aufenthalt in Deutschland
- Abkommen mit den weltlichen und geistlichen Fürsten (1220 und 1232)

Herrschaft in Deutschland

- Zersplitterung Deutschlands
- Selbstständigkeit der Fürsten

1250 Das Ende der Staufer

Eingreifen neuer, ausländischer Mächte in Italien und Sizilien
Neue Abhängigkeit des Papstes und der Städte

Ab 1250: Machtverlust der deutschen Kaiser

Die Bauern im Mittelalter

Grundherren
(Adel: Ritter, Äbte, Bischöfe)

Rechte:
- Grund- und Hausbesitz
- Gerichtsbarkeit
- besondere Rechte (Jagd, Fischerei, Wald, Mühle)

Enge persönliche Bindung und Abhängigkeit

Pflichten:
- Naturalabgaben (Feldzehnt, Blutzehnt, Kirchenzehnt)
- Frondienste auf dem Gut des Grundherren

freie Bauern

unfreie Bauern, circa 90 % der Bevölkerung
(Leibeigene und Hörige)

Frühmittelalter

Geräte: Hakenpflug und Sichel
Zweifelderwirtschaft
geringe Anbaufläche
viel Wald
viele Sümpfe

Holzpflug

Geburt und Tod im Gleichgewicht

Fortschritte in der Landwirtschaft

Wiederholte Rückschläge:
- Seuchen (Pest ...)
- Naturkatastrophen (Missernten, Hungersnöte)
- Opfer von Krieg und Fehde

Hochmittelalter

Räderpflug

verbesserte Geräte: Räderpflug, Kummetjoch, Sense
Dreifelderwirtschaft (Wintergetreide, Sommergetreide, Brache)
vergrößerte Anbaufläche durch Binnenkolonisation
(Rodung, Ortsnamen: „-reuth")

Bevölkerungszuwachs

Die mittelalterliche Gesellschaft war überwiegend eine Agrargesellschaft.

Binnenkolonisation und Ostsiedlung im Mittelalter

Ursachen

BAUERN
- Bevölkerungszunahme
- Mangel an Ackerland
- Naturkatastrophen, Hungersnöte
- Lasten der Grundherrschaft (wirtschaftlich, rechtlich)

STÄDTER
- Enge der Städte
- Zunftzwang

RITTER
- neue Christianisierungsversuche nach den gescheiterten Kreuzzügen
- Ruf durch slawische Fürsten

erster Ausweg

Binnenkolonisation durch Rodung im Deutschen Reich (bis 1100)

zweiter Ausweg

Siedlungsräume

Ostsiedlung

Wagentrecks, geführt von Lokatoren

- Deutscher Ordensstaat in Preußen
- Mecklenburg
- Pommern
- Nordmark
- Brandenburg
- Mark Meißen
- Schlesien
- Böhmen
- Ungarn
- Siebenbürgen

Auswirkungen

Auswirkungen
Vergrößerung des deutschen Siedlungsgebietes: • Klöster • Dörfer • Städte
Rechte: • persönliche Freiheit • erblicher Besitz • geringe Abgaben • deutsches Stadtrecht
Christianisierung: • durch friedliche Mission der Mönche • gewaltsam durch die Ordensritter
kultureller Einfluss auf den Osten
Zusammenleben zwischen Deutschen und Slawen

Das Rittertum im Mittelalter

Frühes Mittelalter

neue Kriegstechnik mit Reiterheeren

↓

Panzerreiter (Steigbügel, Stoßlanze, Panzer)

↓

Kriegsführung im Mittelalter

- Ritterheere im Dienste von Kaiser, Herzögen und Grafen
- Nahkampf, Einzelkampf
- Belagerung
- Fehde

Gesellschaftlicher Aufstieg

Lehensherr mit besonderen Rechten und Pflichten

Rüstung

Pferd

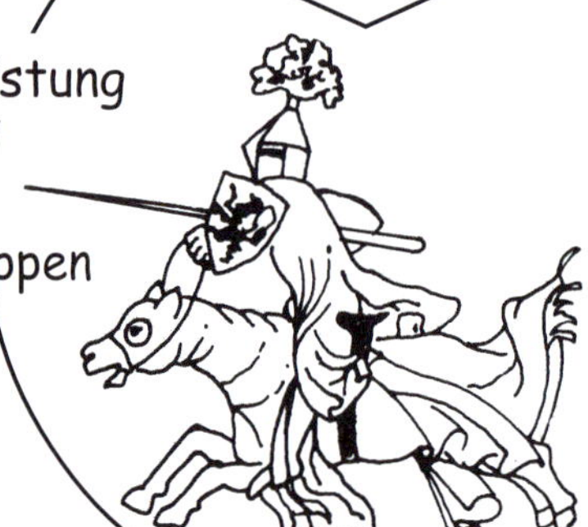

Wappen

Knappe

Burg

Ritterliches Leben auf den Burgen

Vorbereitung auf Kriege:

- Turniere (tjost, buhurt)
- Schwertleite der Knappen

Verwaltung der Güter

Verfeinerte Lebensformen:

- Jagd
- Musik (Troubadour), Tanz
- höfische Literatur und Sprache
- hohe Bildung der Frau

Ritterliche Tugenden

Ideal

- Tapferkeit
- Bekehrung von Nichtchristen
- Gefolgschaftstreue
- Schutz der hörigen Bauern
- Freigebigkeit
- Mäßigung
- Minnedienst (Verehrung der Frau)

Wirklichkeit

- Grausamkeiten
- Plünderungen
- Zerstörung von Feldern
- karges Leben auf den Burgen
- oft maßloses Essen und Trinken

Spätes Mittelalter

Geldwirtschaft und Feuerwaffen führen zu Verarmung und Raubrittertum.

Die Stadt im Mittelalter

Entstehung und Kennzeichen

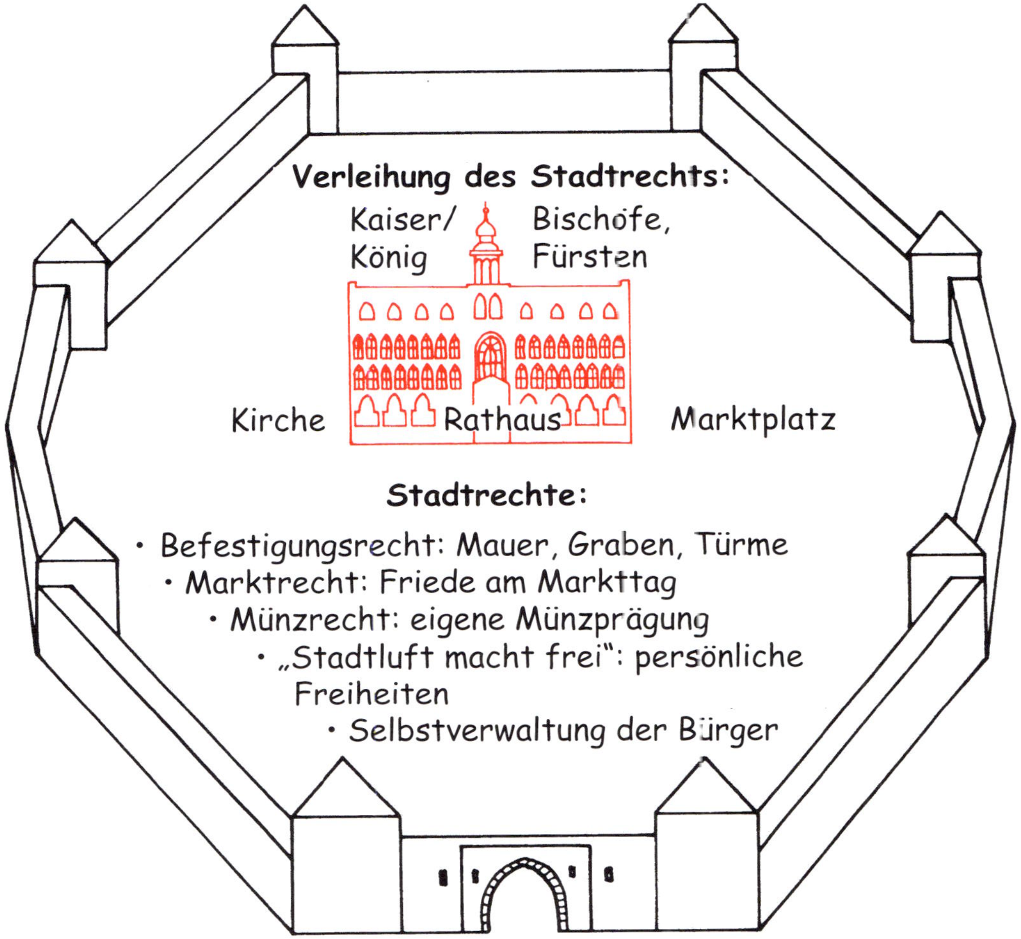

Verleihung des Stadtrechts:

Kaiser/König — Bischöfe, Fürsten

Stadtrechte:

- Befestigungsrecht: Mauer, Graben, Türme
- Marktrecht: Friede am Markttag
- Münzrecht: eigene Münzprägung
- „Stadtluft macht frei": persönliche Freiheiten
- Selbstverwaltung der Bürger

Entstehung:

- aus früheren Römerstädten
- um Klöster und Burgen
- an Kreuzungen, Brücken, Buchten, Handelsorten

Leben in der Stadt

Stadtregierung

Bürgermeister und Ratsherren (Stadtrat)

- Alleinregierung der Patrizier
- ab 14. Jh.: Mitregierung der Zünfte
- Aufgaben: Verwaltung, Gerichtsbarkeit, soziale Fürsorge (Stiftungen, Almosen)

Zünfte

- Handwerker (Meister)
- eigene Gassen
- Kleiderordnung

Gilden

- Kaufleute, vor allem Patrizier
- Kleiderordnung

Unterschichten: Knechte, Mägde, Tagelöhner, Gesellen, Bettler

Außenseiter:

Henker, Totengräber, Gaukler, Uneheliche u. a.

„Unehrliche Leute" – Juden:
- Geldgeschäfte
- Leben im Getto
- besondere Kleidung

Produktion und Handel im Mittelalter am Beispiel der Hanse

Handwerker

- Spezialisierung
- Produktion für den Markt
- Organisation in Zünften

Zunft

- Handwerksmeister des gleichen Handwerks
- eigene Gasse, Zunfthaus
- feste Zunftordnung regelt Ausbildung, Qualität und Preis
- soziale und militärische Aufgaben
- eigene Rechtsprechung

Markt

Händler

- Versorgung der Märkte
- Aufträge für die Handwerker
- Organisation in Gilden

Gilde

- Handelsgesellschaft
- Zwangsverband
- beginnender bargeldloser Zahlungsverkehr (Scheck, Wechsel)
- Entstehung von Banken in privater Hand (Fugger u.a.)

Fernhandel

Lastfuhrwerk

Kogge:
- Verkürzung der Fahrtzeit
- Erhöhung der Ladung

Zusammenschluss norddeutscher Städte:

Die Hanse

Mitglieder: Lübeck, Hamburg, Bremen – insgesamt über 100

Handelsgüter: Heringe, Teppiche, Gewürze, Pelze, Wolle, Seide, Wachs

Handelswege: Nordsee – Ostsee, Europa – Orient

Handelsniederlassungen im Ausland (Kontore): London, Bergen, Nowgorod

gemeinsame Interessen:
- Schutz des deutschen Handels vor ausländischer Konkurrenz
- Preisabsprachen
- Monopole
- Sicherheit gegen Räuber
- Sicherung der Unabhängigkeit durch Boykott und Krieg

Niedergang:
- Streitigkeiten und Kriege mit Landesfürsten und Königen
- Verlagerung der Handelswege (Atlantik)

Romanik und Gotik

Herkunft: Italien
- altrömische Einflüsse (Steinbau)
- römische Basilika als Vorbild

Romanik
10.–12. Jh.
Kirchen und Klöster

Merkmale:
- Rundbogen
- kleine, unverglaste Fenster
- dicke Wände, flache Holzdecke
- dicke Rundpfeiler, Tonnengewölbe
- niedrige Türme
- Schmuck: Wandmalerei (Fresken)

Gesamteindruck:

wuchtig, ernst, feierlich, streng, festungsartig

Beispiele:

Goslar, Speyer, Maria Laach
dazu: Heimatraum ...

Christliche Kirche

Aufteilung:
- Apsis
- Chor
- Kuppel
- Hauptschiff
- Seitenschiffe
- Krypta
- Turm

Kirchenbau im Mittelalter

- von Bauhütten erbaut
- zum Lobpreis Gottes
- als Ausdruck der Volksfrömmigkeit
- als bildhafte Darstellung der Bibel
- als Schutz und Zufluchtsstätte
- als Beispiel für den zunehmenden Reichtum der Städte

Herkunft: Frankreich
- gesteigerte Volksfrömmigkeit
- verfeinerte Bautechnik

Gotik
13.–15. Jh.
Kirchen, Bürgerhäuser

Merkmale:
- Spitzbogen
- hohe, bunt verglaste Fenster
- durchbrochene, hohe Wände
- Bündelpfeiler, Kreuzrippengewölbe
- schlanke, hochragende Türme
- reicher Schmuck: Türmchen, Blätterwerk, Rosetten, Glasmalereien

Gesamteindruck:

vielgliedrig, fein, gelöst, nach oben strebend

Beispiele:

Chartres, Ulm, Köln
dazu: Heimatraum ...

Schulen und Universitäten im Mittelalter

Seit Karl dem Großen	Seit dem 12. Jahrhundert	Seit circa 1500
Dom- und Klosterschulen	**Universitäten**	**Städtische Schulen**
gegründet von Bischöfen und Äbten	gegründet von weltlichen und geistlichen Fürsten 1348: erste deutsche Universität in Prag	gegründet von den Patriziern

Mönche und Nonnen

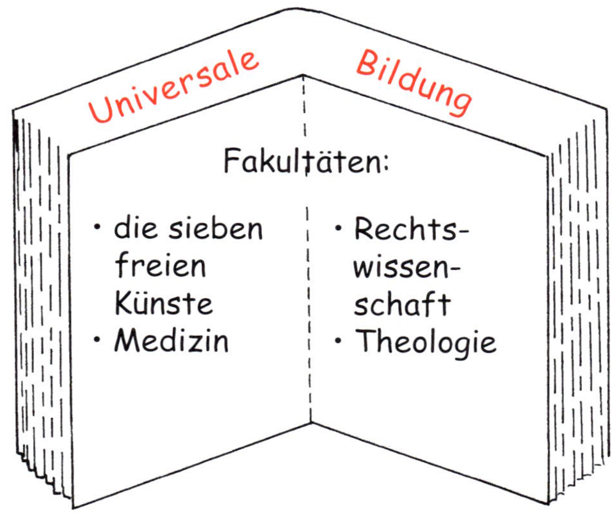

Studenten

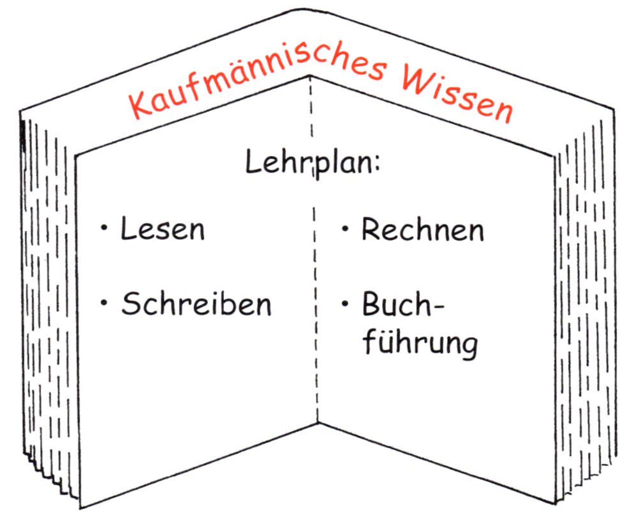

Kinder der Händler und Handwerksmeister

- Im Mittelalter haben nur wenige Menschen Schulbildung.
- Ab dem Spätmittelalter nehmen Klosterschulen auch Kinder von Handwerkern und Bauern auf.
- Erst ab dem 19. Jahrhundert wird die allgemeine Schulpflicht in Deutschland eingeführt.

kirchliche Schulen	heute	Universitäten und Hochschulen	heute	staatliche und private Schulen

Recht und Gericht im Mittelalter

Straftaten

Eigentumsdelikte: • Diebstahl
• Raub

Sittlichkeitsdelikte: • Unzucht
• Ehebruch

Religionsdelikte: Vorwurf der „Ketzerei“ bzw. „Hexerei“

Tötungsdelikte: • Mord
• Kindesmord

Gerichte

Königsgericht
Herzogsgericht
Grafengericht
geistliches Gericht
Stadtgericht (Stadtrat)

Urteilsfindung

1. **Eidhelfer** beschwören die Glaubwürdigkeit
2. **„peinliches“ Verhör** (Folter): Schnüren, Hochziehen, Beinschrauben, Brennen
   Ziel: Geständnis
3. **Gottesurteile**
   Zweikampf, Wasserprobe
   Feuerprobe (Hexen)
   Probebissen

Strafen

• Ehrenstrafen – Pranger
– Schandmasken

• Geldstrafen
• Freiheitsstrafen – **nur** als Untersuchungshaft

• Verstümmelungsstrafen

• Todesstrafen – Lebendig begraben
– Einmauern
– Vierteilen u. v. a.

• Verbannung – in ein Kloster
– auf den Fronhof

Begnadigung durch Fürbitte von Geistlichen, Adeligen, Kindern

Rechtsgrundlagen

• mündliche Überlieferung: Gewohnheitsrecht
• schriftliches Recht: Lex Baiuvariorum (8. Jh.)
Sachsenspiegel 1180
römisches Recht
• private Rechtssuche: Fehde

Krankheit und Tod im Mittelalter

Ursachen

religiöse Erklärung
- Zorn Gottes
- Strafe Gottes für Sünden

Unwissen
- mangelhafte Hygiene
- einseitige Ernährung
- Hungersnöte (Missernten)
- Ausbreitung von Seuchen
- unzureichende medizinische Kenntnisse: Verbot der Leichenöffnung

Krankheiten

Brüche
Wunden
Ruhr
Cholera
Aussatz
Malaria
Pocken

„Besessenheit"

Pest

Reaktion der Menschen

Frömmigkeit:
Prozessionen, Geißler
Festspiele, Austreibung

Soziale Fürsorge:
Spitäler in den Städten

Verzweiflung

Judenverfolgungen
„Sündenbock"

Medizin
Kenntlichmachung: Klappern, Rasseln u.a.
Isolation: Spital, Stadtrand
Behandlung: ohne Narkose, vielfach tödlich
Orte: Badestuben, Spitäler, Universitäten

TOD

- Erlösung von der Krankheit
- Hoffnung auf Weiterleben der Seele

- Massensterben durch die Pest (30–60 %)

Folgen

- Flucht vieler Menschen aus der Stadt
- Mangel an Arbeitskräften
- brachliegendes Land
- steigende Lebensmittelpreise

Im Mittelalter herrschte eine durchschnittliche Lebenserwartung von circa 35 Jahren.
Heutige durchschnittliche Lebenserwartung: circa 70 Jahre.

Die Entstehung des modernen Territorialstaates

Hochmittelalter → Wandel im Verhältnis zwischen König und Fürsten → Spätmittelalter

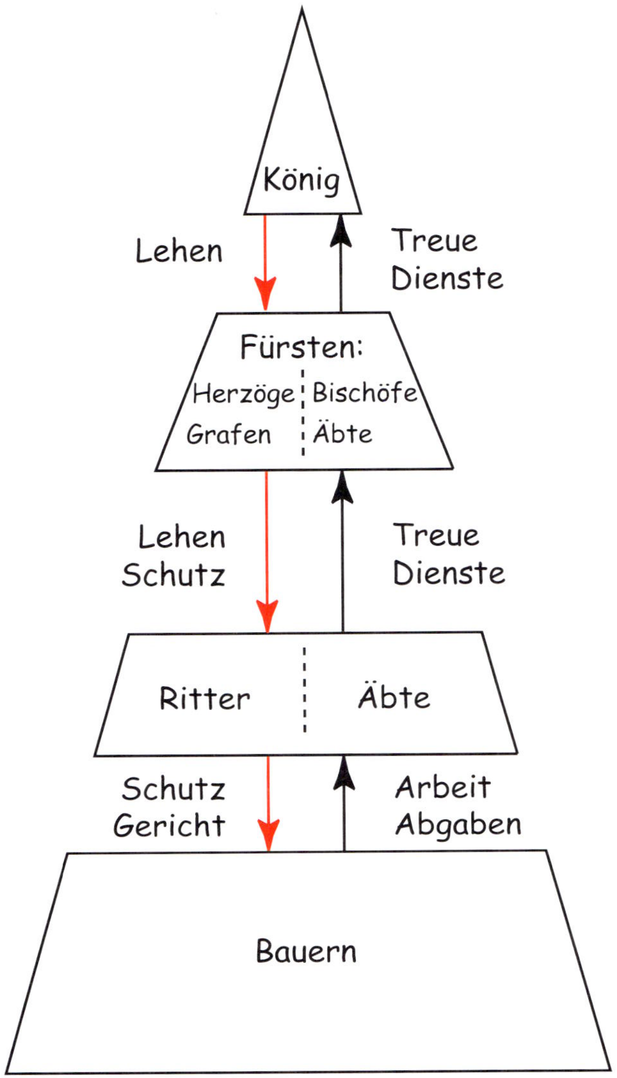

1220 und 1232:
Privilegien des Kaisers Friedrich II. an weltliche und geistliche Fürsten

1250–1272:
kaiserlose Zeit
Erstarken der Fürsten

⇩

Hausmachtpolitik der Fürsten:
- Erbe
- Kauf
- Heirat
- Krieg

⇩

Aufstieg von Fürstengeschlechtern:
- Luxemburger
- Habsburger
- Wittelsbacher
- Hohenzollern

König	Fürsten
	selbstständige Territorialherren
	• eigene Regalien (Zölle, Münzen) • Verwaltung durch Beamte • eigene Gerichtsbarkeit • eigenes Heer (Söldner) • einheitliche Gesetze

Landstände
Adel – Geistliche – Städte
• Mitwirkung bei der Steuerbewilligung

Untertanen
• rechtlos

Reichsverfassung und Königswahl seit dem Spätmittelalter

Nach 1250:
Herrschaft in Deutschland

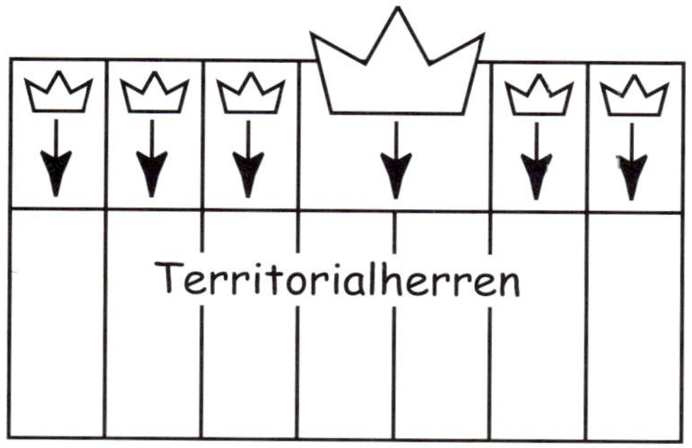

- Doppelwahlen von Königen
- Zersplitterung des Deutschen Reiches
- Selbstständigkeit der Fürsten

↓

Ludwig der Bayer
(1314–1347)

1338 Kurverein zu Rhense
Beschlüsse:

- Kurfürsten wählen König.
- Verzicht auf Bestätigung durch den Papst

Karl IV. von Luxemburg
(1347–1378)

Trier
Köln
Mainz
Böhmen
Kurpfalz
Sachsen
Brandenburg

1356 GOLDENE BULLE

- Sieben Kurfürsten wählen den König (Mehrheitswahl)
- Wahlort: Frankfurt
- Krönungsort: Aachen
- Titel: „Erwählter Römischer Kaiser" ohne Bestätigung durch den Papst
- König bestätigt den Kurfürsten ihre Rechte (z. B. Gerichtsbarkeit).
- Reichstage: Nürnberg
- Kurfürstentümer sind unteilbar.
- Erstgeburtsrecht in den Kurfürstentümern

Durch die GOLDENE BULLE von 1356 wird das Auseinanderfallen des Deutschen Reiches verhindert.

1356–1806:
Herrschaft in Deutschland

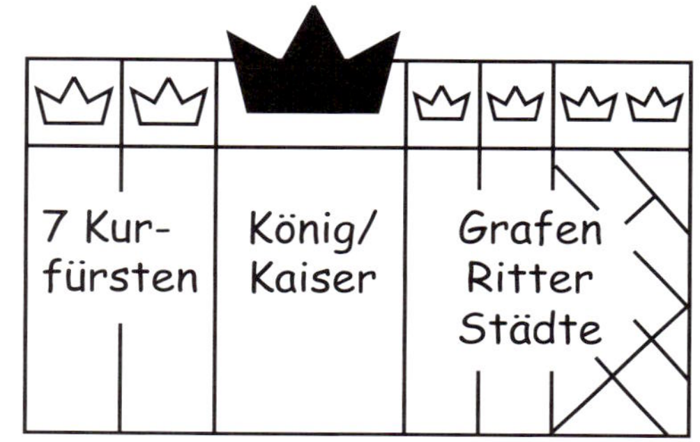

- Ende der Thronstreitigkeiten durch Doppelwahlen
- Zersplitterung wird teilweise Einhalt geboten
- gesetzliche Verankerung der Selbstständigkeit der Fürsten
- starke Rangerhöhung der Kurfürsten
- enge Bindung der Kurfürsten an den König
- Kontinuität der Herrscherhäuser: Luxemburger, Habsburger
- Schwerpunkt des Reiches im Osten: Prag, Wien

Der Aufstieg des Osmanischen Reiches

9.–12. Jahrhundert

Einzug kriegerischer Nomadenstämme in Kleinasien

Zusammenschluss unter Osman

14. Jahrhundert

Eroberungen im Zeichen des Halbmondes

- Kleinasien
- Serbisches Großreich
- weitere Ausbreitung auf dem Balkan

1453

Fall von Byzcnz

- langwierige, verlustreiche Belagerung der gut befestigten und zentral gelegenen Hauptstadt
- Tod des Kaisers
- neuer Name: Istanbul
- neues Stadtbild: Moscheen (Hagia Sophia) Koranschulen Karawansereien

Machtgrundlagen

- Sultan als Alleinherrscher
- Armee als Machtstütze: Reiterheere, Janitscharen
- Religion des Islam (Koran): Gedanke des „Heiligen Krieges" als Rechtfertigung der Eroberungen, Einheit von Islam und Staat

Entstehung einer neuen Großmacht → Ende des christlichen Oströmischen Reiches

Moskau als „Drittes Rom"

- Zar (Caesar): Nachfolger des oströmischen Kaisers
- Patriarch von Moskau: Oberhaupt der orthodoxen Kirche
- Palast: Kreml
- Anspruch auf Großmachtstellung

Folgen für Europa

Beherrschung der Meerengen und der Handelswege nach Asien durch die Osmanen

direkte Bedrohung des christlichen Südosteuropa (Österreich/Ungarn)

„Türkengefahr" für Europa

Humanismus und Renaissance (15./16. Jh.)

ANTIKE

Mittelalter

- Leben des Menschen für das Jenseits
- Leben in fester Ordnung, von Gott bestimmt (Stände, Zünfte)
- Kunst:
  keine individuellen Züge bei der Darstellung des Menschen (Mensch als Typ), Vernachlässigung der Natur, religiöse Themen

Zentren:
Florenz
Rom
Venedig
Nürnberg

Mäzene:
Medici
Visconti
Sforza

Humanismus
– Entfaltung des Menschen –
Renaissance
– Wiedergeburt der Antike –

Der „neue Mensch"
- allseitige Bildung (uomo universale)
- Leben für das Diesseits: Leistung, Reichtum
- Handeln als freies Individuum
- Suche nach Harmonie zwischen Mensch und Natur
- Aufschwung der Naturwissenschaften: Beobachten, Messen, Experimentieren

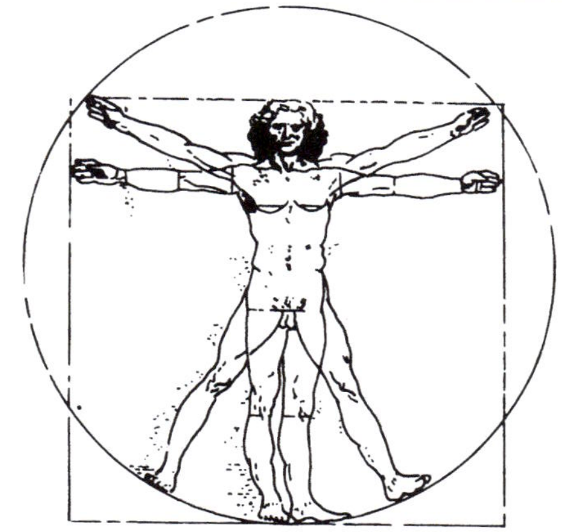

Baukunst
(Architektur)
- Harmonie der Bauelemente nach strengem mathematischem Maß: Symmetrie, Goldener Schnitt, waagrechte Linien
- Kirchen mit Kuppeln
- Paläste

Gelehrte:
Pico della Mirandola
Erasmus von Rotterdam

Künstler:
Raffael
Leonardo da Vinci
Michelangelo
Dürer

Bildhauerkunst
(Plastik)
- naturgetreue Körper
- Akt
- antike und christliche Themen

Malerei
- Porträt
- Perspektive
- Akt
- Licht und Schatten
- Natur, Landschaft
- antike und christliche Themen

NEUZEIT

Ausstrahlen der italienischen Renaissance auf Europa:
- Kuppelbauten als technische Meisterwerke
- Kunst als Ausdruck der Freude am Leben, an der Natur
- Kunst zum Ruhme der Fürsten

Die Entwicklung zum modernen Staat in Italien

politische Zerrissenheit Italiens um 1450:

– fünf mächtige Stadtstaaten –

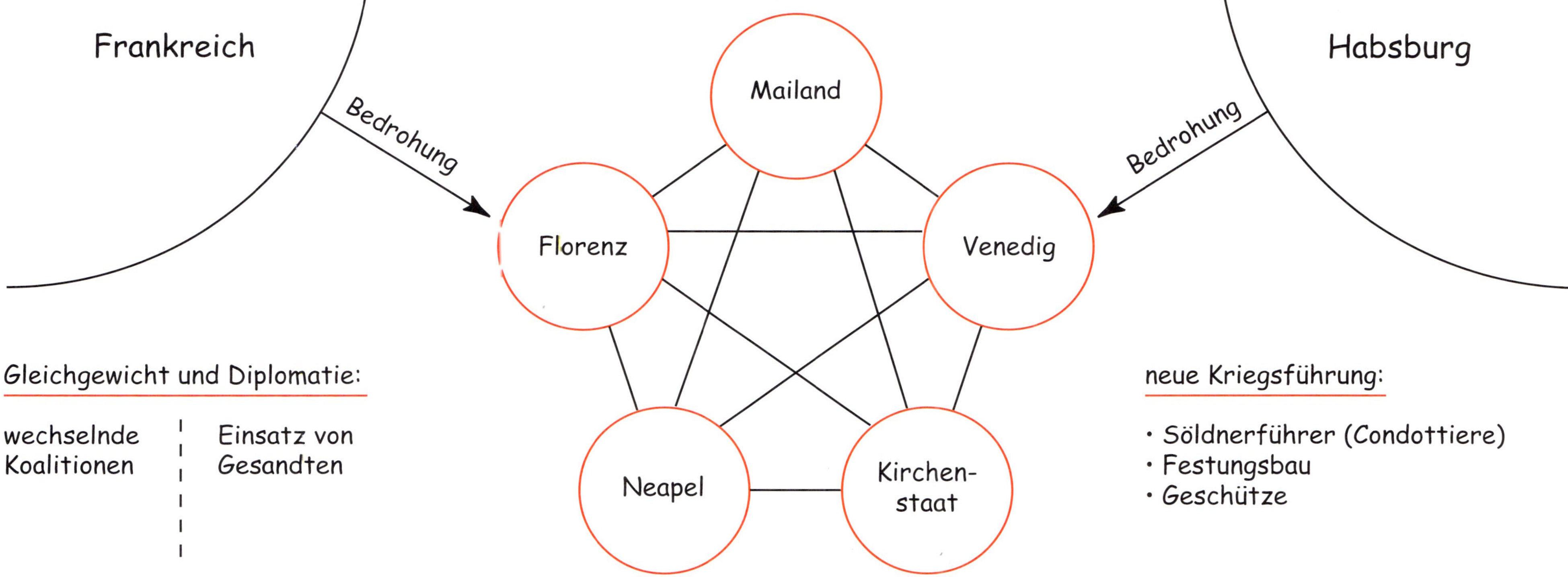

Gleichgewicht und Diplomatie:

wechselnde Koalitionen	Einsatz von Gesandten

neue Kriegsführung:

- Söldnerführer (Condottiere)
- Festungsbau
- Geschütze

neue Staatslehre:

Macchiavelli „Der Fürst“ (1513):

- Loslösung der Politik von christlichen Geboten
- Politik allein ausgerichtet an Machterweiterung, Nutzen und Erfolg für den Fürsten und damit für den Staat (Staatsräson)

Ende des mittelalterlichen Lehenswesens (gestützt auf persönliche Bindungen)	Beginn des rein weltlichen Machtstaates (gestützt auf Beamte, Gesetze und stehendes Heer)

Der Wandel des Weltbildes

Weltbild des Altertums

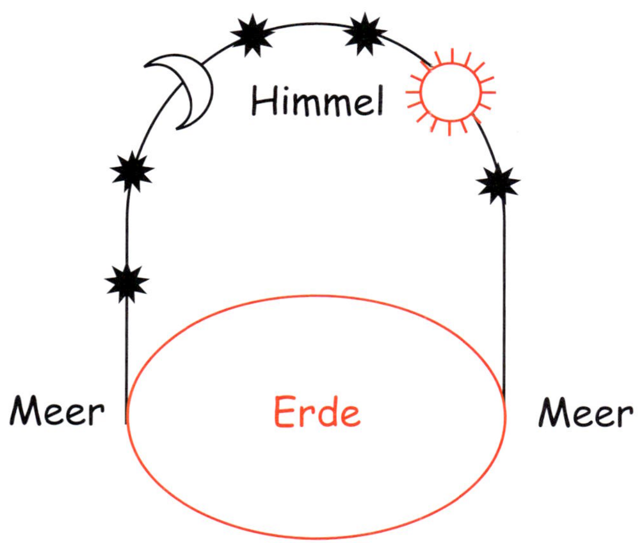

- Erde eine flache, fest stehende Scheibe
- Himmel wie eine Glocke über der Erde
- Erde ganz von Wasser umgeben
- Sonne: Aufgang im östlichen Meer
  Untergang im westlichen Meer
- außerdem: Glaube an Kugelgestalt

Weltbild des Mittelalters

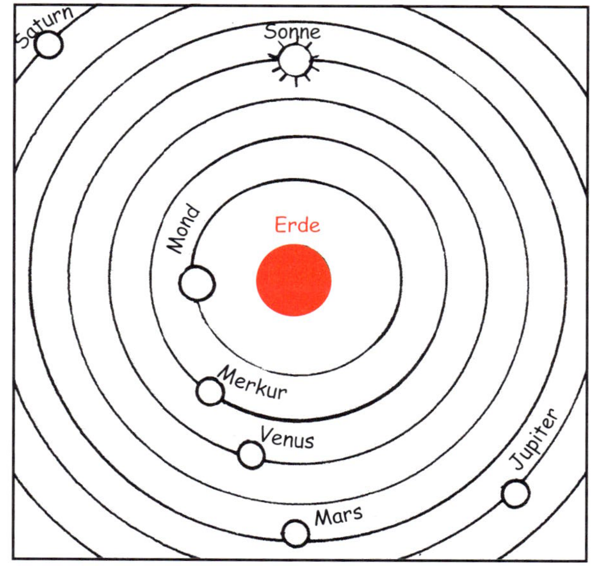

- Erde eine feststehende Scheibe
- Erde im Mittelpunkt des Universums
- Universum ruht in Gottes Hand
- Sterne von Engeln bewegt
- biblisches Weltbild

Weltbild zu Beginn der Neuzeit

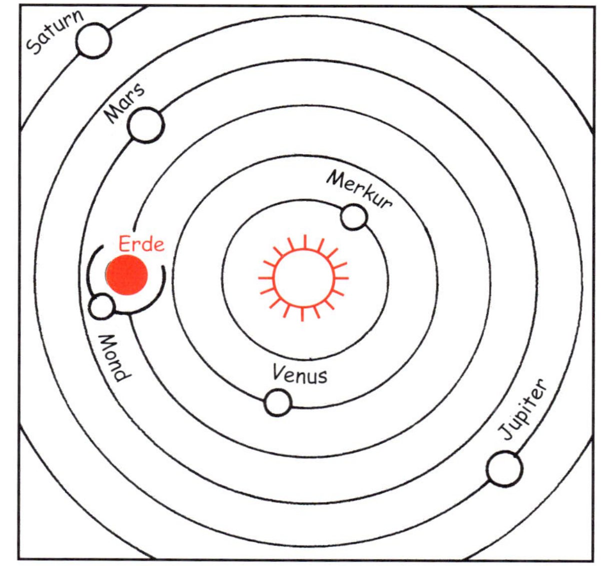

- Sonne im Mittelpunkt des Universums
- Erde einer unter vielen Planeten
  Erde dreht sich um die Sonne
- Beweis des neuen Weltbildes durch Forschungen (Experimente): Kopernikus - Kepler - Galilei
- Folge: Konflikt mit der Kirche

Bibel → geozentrisches Weltbild → Naturwissenschaft → heliozentrisches Weltbild

Entdeckungen europäischer Seefahrer und die Folgen

Amerika
„Neue Welt"

Schwierigkeiten auf dem Meer
- Unkenntnis der wirklichen Entfernungen
- mangelhafte Ausrüstung
- Meutereien
- Krankheiten und Seuchen (Nahrung, Hygiene)

Voraussetzungen für das Gelingen
- Unterstützung durch den König
- Erfindungen: Kompass u. a.
- Entdeckerdrang
- verbesserte Schiffstechnik: die Caravelle

Ursachen für die Entdeckungsfahrten
- Sperrung des Landweges in den Orient
- Suche eines Seeweges nach Indien
- Handel (Seide, Gewürze)
- Reichtum (Gold)
- Machtzuwachs
- Missionierung

Europa
Spanien
Portugal

Afrika

1492: Entdeckung Amerikas durch Kolumbus

1522: erste Weltumsegelung durch Magellan

1497: Umsegelung Afrikas durch Vasco da Gama

Folgen

sozial
- Unterdrückung und Versklavung der Eingeborenen
- Zerstörung der indianischen Kulturen Bevölkerungsvermischung (Indianer, Weiße, Schwarze)

wirtschaftlich
- wachsende Bedeutung der Weltmeere
- Aufschwung und Ausweitung des Handels (Güteraustausch)
- Gold- und Silbermengen nach Europa: Geldwertverfall
  Preisanstieg

politisch
- Seemächte als neue Großmächte: Spanien, Portugal, England, Frankreich, Holland
- Streit um Kolonien

Spanische Eroberungen in Mittel- und Südamerika

Indianerkulturen der Azteken und Inkas

- Religion: Sonnengott, Menschenopfer
- Baukunst: Stufenpyramiden, Städte
- Kunsthandwerk: Gold- und Federschmuck
- Wissenschaft: Schrift, Kalender
- Landwirtschaft: künstliche Bewässerung, kein Rad, keine Reit- und Zugtiere
- Handel: Indianermärkte, Tausch
- Gesellschaft (gegliedert): Gottkönig, Priester, Adel, Bauern, Sklaven

Eroberer:

Cortez (Azteken)
Pizarro (Inkas)

Spanien

Habsburgische Großmacht unter Karl V.:
- Hausmacht
- Österreich
- Niederlande
- Burgund
- Luxemburg
- Neapel
- Sizilien
- Spanien

Ursachen:
- Machtpolitik
- Suche nach Gold
- Abenteuergeist
- Missionierung

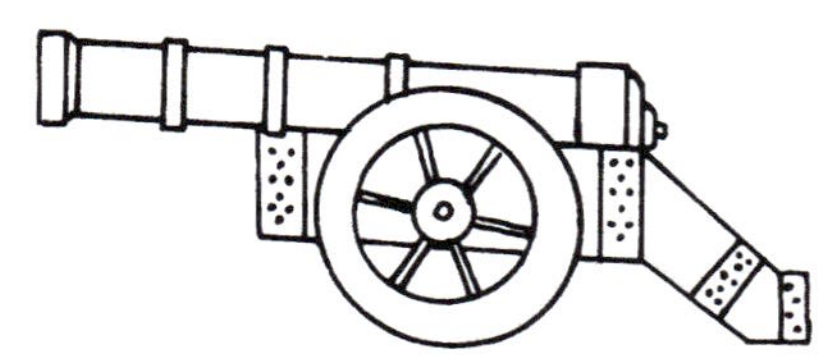

Mittel:
- Feuerwaffen
- Pferd
- gewaltsame Missionierung

Vernichtung der indianischen Kulturen

- Zerstörung der Gesellschaft
- Versklavung
- Krankheiten aus Europa
- Großgrundbesitz der Weißen
- Ausbeutung der Bodenschätze
- Bekehrung zum Christentum

Ausbau Mittel- und Südamerikas zum spanischen Kolonialreich

Welthandel über den Atlantik

← Pferd ← Kuh ← Zucker ← Pflug ← Rad ← Sklaven

Edelmetalle → Rohstoffe → Tabak → Mais → Kartoffel →

Folgen für Europa

- Habsburg: „Das Reich, in dem die Sonne nicht untergeht"
- Reichtum
- Inflation
- Krankheiten

Spanien und Portugal als neue Großmächte

- ein Vergleich -

Spanien		Portugal
Seeweg nach Indien	Grund für den Aufbruch zu Entdeckungsfahrten	Seeweg nach Indien
nach Westen	Weg	nach Süden und Osten
spanische Krone	Finanzierung	portugiesische Krone
Kolumbus, Magellan	Entdecker	Bartolomeu Diaz, Vasco da Gama
Amerika, Stiller Ozean	Entdeckungen	Kap der Guten Hoffnung, Seeweg nach Indien
Cortez – Mexiko (Azteken), Pizarro – Peru (Inka)	Eroberungen	Brasilien
Inbesitznahme	kurz nach dem Eintreffen	Handelskontakte
Gold, Siedlungsgebieten, Nutzpflanzen	Suche nach	Gold, Elfenbein Sklaven, Gewürzen
Massensterben, Sklavenarbeit, Abhängigkeit	Schicksal der Ureinwohner	Sklavenhandel
Kolonien, spanische Verwaltung, Missionierung	Vorgehen	wenig Kolonien, stattdessen: Handelsstützpunkte
spanisches Kolonialreich	Ergebnis (vereinfacht)	**portugiesisches Handelsreich**

Die langfristigen Auswirkungen der Entdeckungen und Eroberungen

Entdeckungen
↓
Eroberungen
↓
Kolonien | Handels- und Militärstützpunkte

Auswirkungen auf die Ureinwohner	wirtschaftliche Auswirkungen	politische Auswirkungen	religiöse Auswirkungen
• Vernichtung der nord- und südamerikanischen Indianerkulturen • Sklaverei	• auf die Neue Welt: Viehzucht Plantagen • auf Europa: neue Nutzpflanzen Silber (Æ Inflation) neue Handelswege (Atlantikhandel)	• sinkende Bedeutung von Venedig, Genua und des Deutschen Reiches • Aufstieg der Kolonialmächte Spanien (Habsburg), Portugal, England, Frankreich, Niederlande • Nordamerika: Entwicklung zu Demokratie und Industriestaaten • Mittel- und Südamerika: lange Kolonialzeit, heute: Schwellenländer	• anfangs: gewaltsame Bekehrung • dann: ernsthafte Missionierung • Nordamerika: religiöse Vielfalt • Mittel- und Südamerika: wichtige Rolle der katholischen Kirche

Erfindungen verändern die Welt

Mittelalter

Schrift	Seefahrt	Zeitmessung	Krieg
• handgeschriebene, kostbare Bücher • Lesen und Schreiben auf den Klerus beschränkt • Nachrichtenwesen: „mündlich“	• Mittelmeer • Küstenschifffahrt • Kogge	• Sanduhren • Sonnenuhren • Kirchturmuhren	• Einzelkampf • Nahkampf • Ritterheere

Der „neue Mensch“ der Renaissance: Leistung, Reichtum, Macht, Wissen

Erfindungen

1445 Buchdruck durch Johannes Gutenberg	nach 1200 Kompass Fernrohr Caravelle	circa 1510 Taschenuhr durch Peter Henlein	circa 1330 Schießpulver durch Berthold Schwarz

Folgen:

• Massenproduktion • billige Produktion von Büchern (1455 Bibel), Flugblättern, Zeitschriften • Nachrichten zunehmend schriftlich • Aufschwung der Bildung	• Orientierung auf hoher See • Entdeckungen europäischer Seefahrer • heliozentrisches Weltbild (Galilei, Kopernikus)	„Zeit ist Geld“ (Frühkapitalismus)	• Massenkampf • Fernkampf • Söldnerheere • Aussterben des Standes der Ritter (Raubrittertum)

Beginn der Neuzeit

Die Reformation

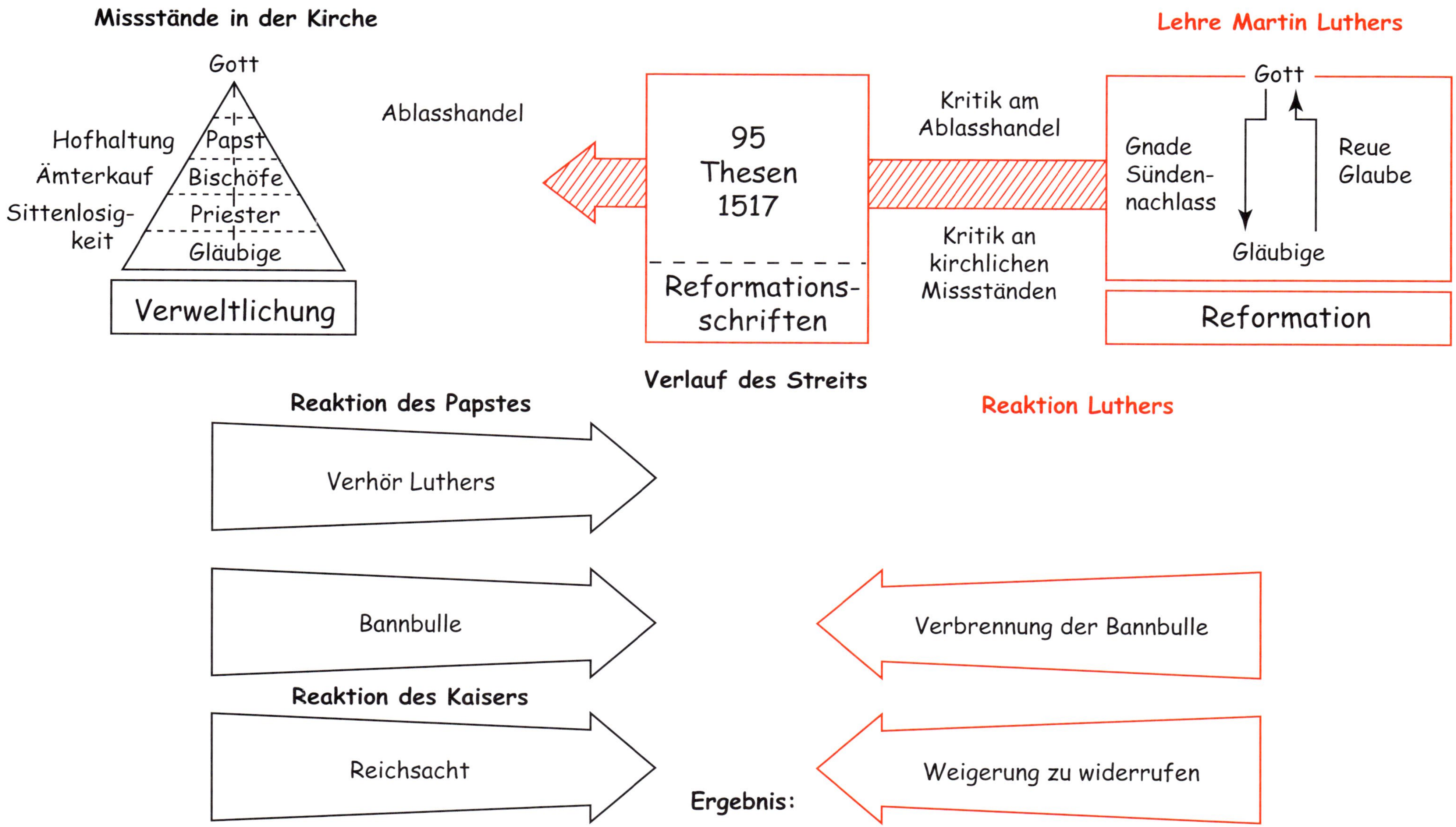

Ergebnis:

- aus katholischer Sicht: Kirchenspaltung
- aus Luthers Sicht: Reformation

Der deutsche Bauernkrieg (1525)

Bauer

Lage der Bauern:
- Abgaben an Fürsten und Kirche
- Leibeigenschaft
- drückende Frondienste

- „Die 12 Artikel": Forderungen der Bauern nach Erlass der Leibeigenschaft, Minderung der Abgaben und Dienste
- Berufung auf Luthers Lehre („Von der Freiheit eines Christenmenschen")
- Verhandlungen mit Fürsten und Städten
- Bewaffnung, Zusammenrottung, Plünderungen, Schlachten
- Anführer: Thomas Müntzer
- schnelle Niederlage der Bauernheere wegen:
  - unterlegener Ausrüstung
  - fehlender militärischer und politischer Führer
  - fehlender wechselseitiger Unterstützung
  - schlechter Bewaffnung

Fürsten:
- Verweigerung von Zugeständnissen
- Einsetzung von Söldnerheeren
- grausame Rache
- teilweise Reformen

Luther:
Verurteilung der Bauern als „räuberische und mörderische Rotten"

Bauer

Lage der Bauern:
- teilweise: Erleichterungen
- ansonsten: Demütigungen

Die Bauern werden zu Untertanen der Landesfürsten. Die Macht der Landesfürsten wird gestärkt.

Kaiser Karl V. und die Protestanten (1521–1555)

Kaiser Karl V. (1519–1556)

- Schutzherr der katholischen Kirche
- Kampf gegen Luthers Lehre
- Bündnis mit den katholischen Reichsfürsten:

  Bayern
  Österreich
  Böhmen

evangelische Reichsstände

- evangelische Landeskirchen
- Landesherr als Kirchenherr (nicht der Papst)
- **Fürsten:** Kursachsen, Preußen, Hessen, Württemberg, Pfalz
- **Städte:** Nürnberg, Augsburg, Hamburg, Lübeck

1530 Reichstag von Augsburg:
Versuch einer Einigung scheitert.

- Kaiser Karl V. → Festhalten an den Beschlüssen des Reichstags zu Worms
- evangelische Reichsstände → „Augsburger Bekenntnis": Protestanten

↓

1546/1547 Schmalkaldischer Krieg

- Kaiser Karl V. → Forderung nach Unterwerfung
- Kaiser Karl V. → Sieg Karls V.
- evangelische Reichsstände → Schmalkaldischer Bund

↓

1555 Augsburger Religionsfriede

- Kaiser Karl V. → Resignation Karls V.
- evangelische Reichsstände → Fürstenaufstand

beschließt:

- Gleichberechtigung der Konfessionen
- „cuius regio, eius religio"
- Reichsstädte konfessionell gemischt
- Protestanten behalten Kirchengüter.

Die Gegenreformation

Missstände in der katholischen Kirche

- Ablasshandel
- Ämterkauf
- Hofhaltung und Bauten des Papstes
- unsittlicher Lebenswandel vieler Geistlicher

führen zur

Reformation

Kirchenspaltung bleibt bestehen.

Konzil von Trient (1545–1563)

Beschlüsse

- Einschränkung des Ablasses
- verbesserte Priesterausbildung
- Ernennung der Bischöfe nur durch den Papst
- Festlegung der Lehre (7 Sakramente, Messopfer)

Arbeit des Jesuitenordens

Gründer:

Ignatius von Loyola

Merkmale:

- militärische Organisation
- strenge Ausbildung
- Gehorsam und Disziplin

Aufgaben:

- Lehrtätigkeit an Jesuitenschulen und Universitäten
- theologischer Kampf gegen die Reformation
- Missionierung in der Neuen Welt

führen zur

Gegenreformation

Folgen:
- Beseitigung von Missständen in der katholischen Kirche
- Stärkung des Papstes als Oberhaupt der katholischen Kirche
- klare Abgrenzung in Glaubensfragen zwischen den beiden Konfessionen

Politik und Religion: Philipp II.

England

- Thronstreit zwischen Elisabeth und Maria Stuart
- „Kaperkrieg“ gegen spanische Handelsschiffe
- 1588 Versenkung der spanischen Armada

Aufstieg zur Seemacht

(evangelisch)

Ziel nicht erreicht

Niederlande

- Druck auf Protestanten (Steuern, Inquisition)
- Aufstand: Guerillakampf gegen Herzog Alba
- 1581 Unabhängigkeitserklärung

Aufstieg zur See- und Handelsmacht

(protestantisch)

Ziel nicht erreicht

Philipp II.

Person:

- pfichtbewusst
- unnahbar
- gottesfürchtig

Programm:

- Verteidigung des katholischen Glaubens
- Machtpolitik innen und außen

Frankreich

Ziel erreicht

- Kampf gegen die Hugenotten (Religionskrieg)
- Scheitern der Ehepläne

führende Landmacht

(katholisch)

Türken

Ziel erreicht

- Seeschlacht bei Lepanto: Ende der türkischen Vormachtstellung im Mittelmeer

islamische Großmacht

Innenpolitik:

- kulturelle Blüte
- Inquisition
- Escorial als weltliches und geistliches Zentrum

katholische Großmacht Spanien

Der 30-jährige Krieg (1618–1648)

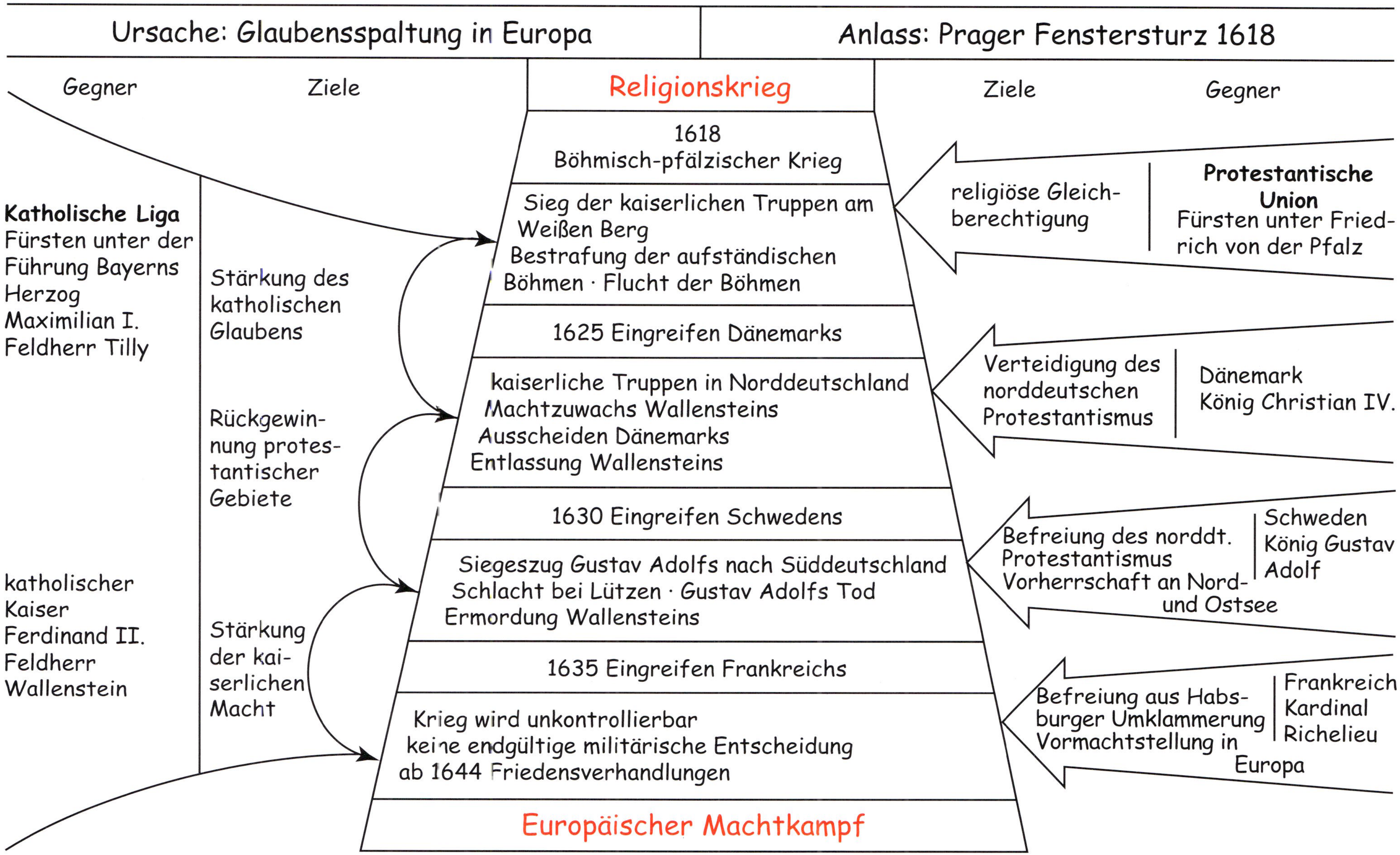

Der Mensch im 30-jährigen Krieg

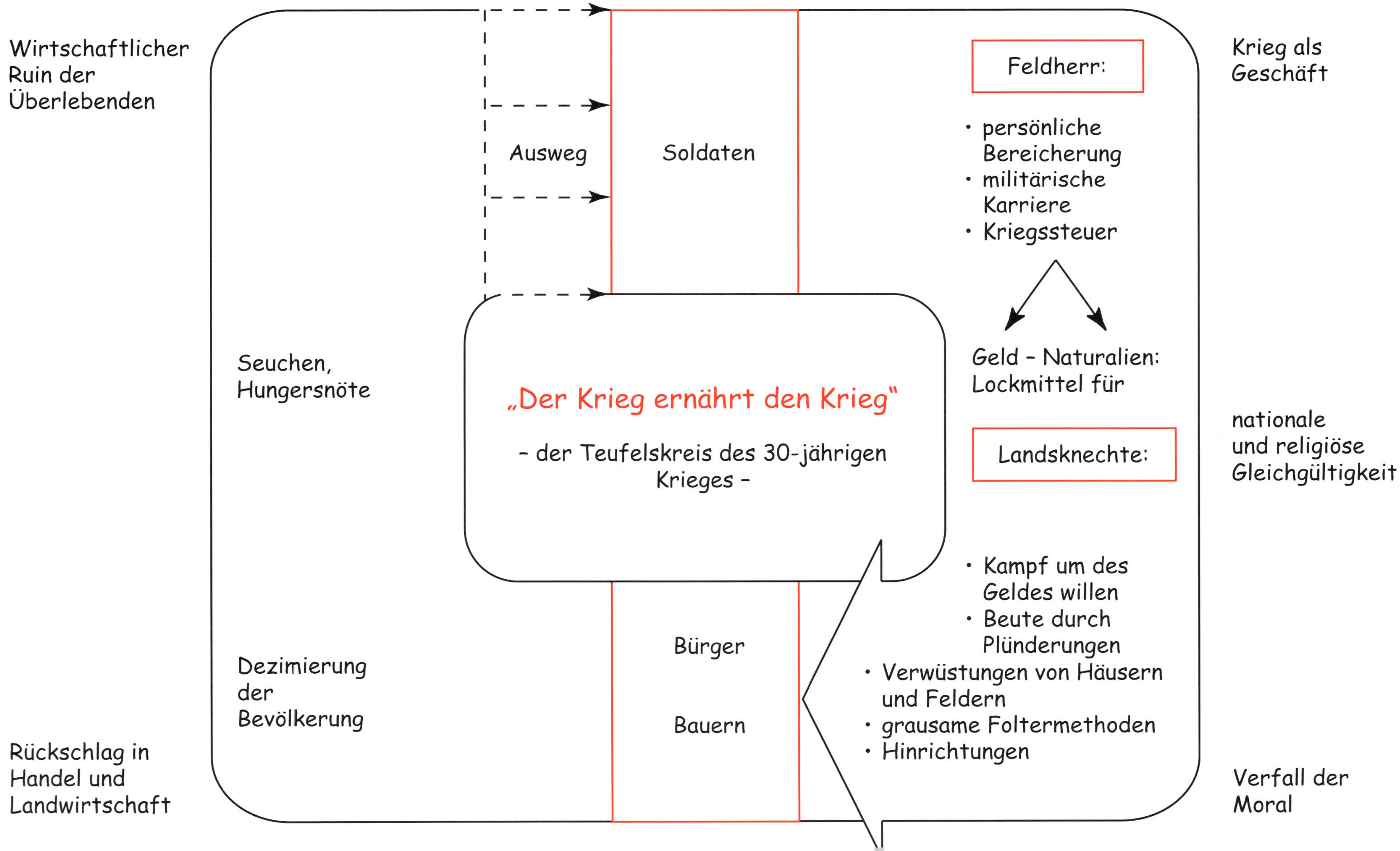

Der Westfälische Frieden 1648

Beteiligte:	Kriegsziel	Ergebnis	Bedeutung
Deutsche Fürsten	Sieg über religiöse Gegner (Union bzw. Liga)	nicht erreicht	religiöse Gleichberechtigung (wie 1555) Recht auf private Religionsausübung
	Schwächung der Zentralgewalt	erreicht	Machtzuwachs • Zerfall des Reichs in über 300 unabhängige Staaten • Einwirkungsmöglichkeit ausländischer Mächte (Verträge mit einzelnen Fürsten)
Kaiser	Stärkung des katholischen Glaubens Deutsches Reich: Stärkung der Zentralgewalt	nicht erreicht	Machtverlust gegenüber Fürsten
Haus Habsburg	Europa: Bewahrung der Vormachtstellung	nicht erreicht	• Ende des konfessionellen Zeitalters • neuer Grundsatz der Außenpolitik: Staatsräson (statt Religion)
Frankreich	• Befreiung aus der habsburgischen Umklammerung • Rheingrenze • Vormacht in Europa	erreicht	
Schweden	Vorherrschaft an Nord- und Ostsee	erreicht	

Vom Mittelalter zur Neuzeit (um 1500)

MITTELALTER		NEUZEIT
ständische Gesellschaft	Gesellschaft	Aussterben des Rittertums Aufstieg des Bürgertums
Glaubenseinheit	Religion	Kirchenspaltung
Märkte, Fernhandel	Wirtschaft	Frühkapitalismus Welthandel
geozentrisch	Weltbild	heliozentrisch
Dreifelderwirtschaft, Kummetjoch, Kogge, Räderpflug, Sense	Erfindungen	Buchdruck, Kompass, Fernrohr, Caravelle, Taschenuhr, Schießpulver
nur christliche Themen	Kunst	Mensch und Natur als neue Themen (Renaissance und Humanismus)
Personenverbandsstaat (Lehenswesen)	Politik	Territorialstaat, Staatsräson Kolonialstaaten und Kolonien
Geistliche	Bildung	Adel, Geistliche, Bürger